REINVENTAR-SE
UMA NECESSIDADE, UMA IMPOSSIBILIDADE

REINVENTAR-SE
UMA NECESSIDADE, UMA IMPOSSIBILIDADE

Clóvis de Barros Filho

Capa	Fernando Cornacchia
Coordenação	Ana Carolina Freitas
Copidesque	Anna Carolina G. de Souza
Diagramação	DPG Editora
Revisão	Lúcia Helena Lahoz Morelli

Dados Internacionais de Catalogação na Publicação (CIP)
(Câmara Brasileira do Livro, SP, Brasil)

Barros Filho, Clóvis de
   Reinventar-se: Uma necessidade, uma impossibilidade/Clóvis de Barros Filho. – 1. ed. – Campinas, SP: Papirus 7 Mares, 2022.

ISBN 978-65-5592-027-7

1. Filosofia I. Título.

22-113113   CDD-100

Índice para catálogo sistemático:
1. Filosofia   100

Eliete Marques da Silva – Bibliotecária – CRB-8/9380

1ª Edição – 2022

A grafia deste livro está atualizada segundo o Acordo Ortográfico da Língua Portuguesa adotado no Brasil a partir de 2009.

Proibida a reprodução total ou parcial da obra de acordo com a lei 9.610/98.
Editora afiliada à Associação Brasileira dos Direitos Reprográficos (ABDR).

DIREITOS RESERVADOS PARA A LÍNGUA PORTUGUESA:
© M.R. Cornacchia Editora Ltda. – Papirus 7 Mares
R. Barata Ribeiro, 79, sala 316 – CEP 13023-030 – Vila Itapura
Fone: (19) 3790-1300 – Campinas – São Paulo – Brasil
E-mail: editora@papirus.com.br – www.papirus.com.br

Sumário

7	Uma advertência
11	Um conceito
18	Um princípio
25	Uma razão
32	Um desencaixe
39	Um fundamento
46	Um comando
53	Um imperativo
63	Uma condição
71	Uma repetição
79	Uma invenção
90	Um outro
102	Um reconhecimento
110	Um tempo
120	Uma essência
132	Uma resistência
136	Uma tragédia
144	Um esforço
148	Uma guerra
152	Um mendigo
158	Um luto
164	Uma não conclusão

Uma advertência

Fui professor por mais de 30 anos. E não penso ter deixado de sê-lo, ainda que sem vínculo de trabalho com instituição escolar desde 2016.

Desde os primeiros anos deste século passei a atuar como palestrante. A demanda por esse trabalho sempre foi alta. E a cifra de 300 palestras por ano se repetiu como média por uma década. Tudo parecia seguir seu curso também ao longo do ano de 2020.

Mas, como o leitor deve imaginar, a pandemia forçou o cancelamento de todos os compromissos naquele fatídico primeiro semestre.

As reservas teriam bastado para as necessidades familiares sem trabalho. Um semestre sabático nunca figurou como sugestão absurda. Talvez em viagem, não trancado em casa. Mas não havia nada de viável naquela ideia.

Ocorre que, ao longo das vacas gordas, reunimos uma equipe de oito valorosos integrantes, em quem passamos a confiar. Cegamente, como toda confiança só pode ser. Gente dedicada, ousada, arrojada, competente e digna.

Todos eles economicamente dependentes de seu trabalho. E dos vencimentos trazidos pelas palestras.

Não me lembro de ter vivido outro momento de tanta clarividência do significado de "consciência moral".

Coisa de você com você mesmo. Do eu comigo mesmo. Coisa do que se aceita para si mesmo. E do que não se autoriza. Coisa que atormenta na hora de adormecer. Do tipo que não precisa de ninguém para fiscalizar. Que basta o si mesmo para dar tratos à bola. Porque na vida há alguma dignidade a defender.

Não se dispensa ninguém de suas funções de trabalho em situação semelhante. De tão extrema gravidade. Mormente quando se trata de gente como essa.

Mas o que posso fazer para ter ingressos econômicos quando todos os compromissos foram cancelados?

O próprio grupo deu a resposta. Temos mensagens a oferecer em forma de discurso palestrado. Não haverá mesmo nenhum evento presencial. Nesse caso, cabe-nos oferecer essa mesma mensagem em condições não presenciais de recepção. O que já era possível desde então pelos avanços da comunicação digital.

Ponderei que, ao longo de 35 anos, havia trabalhado em um certo contexto de expressão e interação que não se deixava reproduzir no mundo digital. Que o meu desempenho teria que sofrer modificações significativas para as quais talvez não estivesse preparado. Que a comunicação corporal, no meu caso, sofreria particular empobrecimento.

Deixaram-me à vontade. E deixei a vontade de zelar por eles dirigir a vida.

As palestras *on-line* salvaram os empregos. Mantiveram-me altivo. Ativo. Contributivo. Colaborativo. Solidário e até generoso.

Eis que, em pleno dilema pandêmico, a Papirus Editora entra em contato. E solicita um livro reflexivo sobre o tema da moda por excelência. O tal "reinventar-se". Entendi tratar-se de uma grande oportunidade.

De refletir com calma, com tempo, e com a lucidez disponível na estante, a respeito dessa noção, desse conceito, desse mandamento, desse imperativo, dessa ordem, dessa ruptura, dessa normalidade, desse jargão, desse senso comum, dessa adaptação, dessa dominação e tantas coisas mais.

Eis o livro que aqui desbrava suas primeiras páginas.

Um conceito

"Reinventar-se" é um jargão. Recomendação da moda. Presente já há algum tempo nos discursos dos agentes corporativos.

Mais recentemente, durante a pandemia de Covid-19, ganhou as ruas e o espaço público. Bem como um entendimento compartilhado em obviedade. Um autêntico senso comum. Por este último, é tomado por simples "noção".

O termo "noção" é bem recorrente. Assim como a sua eventual falta. Sempre há um sem noção a nos aborrecer. O leitor também já deve ter deparado com frases como: "A noção disso ou daquilo nos permite entender melhor a realidade que estamos vivendo".

Por exemplo:

"Graças à noção de resiliência, os gestores podem deixar mais claro o que esperam de seus colaboradores".

Como noção, a "reinvenção de si mesmo" indica uma obviedade. Seu significado é tomado por estabelecido, ao alcance do espírito de todos, de compreensão imediata e compartilhado sem grandes obstáculos de comunicação.

Pois bem.

Esse não é o entendimento proposto neste livro. Acreditamos que esse "reinventar-se", que nos ocupará doravante, é bem mais que isso. Trata-se de um conceito.

A diferença entre ambos – noção e conceito – é significativa para o propósito deste trabalho.

A noção encontra no grego *nous* sua origem. Trata-se de conhecimento. Apresenta-se como já pronta, só lhe restando mesmo ser reconhecida. Podemos identificá-la em meio a uma experiência.

No caso da noção de "reinventar-se", essa experiência será necessariamente intersubjetiva. De interação social.

Em contrapartida, um conceito precisa ser concebido. Requer um trabalho da razão. É o resultado, sempre provisório e aperfeiçoável, de uma operação mais rigorosa de pensamento.

Nada impede que encontre em uma noção seu mero ponto de partida. Quem sabe até sua condição.

Tanto noções quanto conceitos se inscrevem em conjuntos maiores. Em autênticos coletivos. Não circulam isolados na fala de seus porta-vozes.

Enquanto as noções – com seus significados – estão amarradas pelo amplo senso comum, pelo entendimento cotidiano que preside as interações mais despreocupadas, os conceitos costumam integrar famílias de frequentação mais restrita: os paradigmas.

Estes, por sua vez, oferecem sustentação lógica à produção e aos discursos científicos e também filosóficos.

Desse modo, todo conceito corresponde a uma ideia abstrata. Circunscrita a seu território e definida com a maior precisão possível. Costuma, portanto, ser mais complexo e exigente, navegando com mais fluência pelos agentes dos campos de produção cultural.

Noções e conceitos, convertidos em formulações discursivas, participam ambos das lutas sociais pela definição das interpretações mais legítimas do mundo das coisas e dos homens.

As primeiras, mais fluidas e adaptadas a repertórios variados, permeiam os grandes espaços de interação, a pólis, como diriam os antigos. Prestam-se a fortalecer argumentos e a consolidar operações de dominação simbólica, com tanto mais eficácia quanto mais recorrentemente forem tomadas por óbvias, evidentes e até naturais. Aptas, assim, a encobrir os reais interesses dos agentes que as divulgam.

Observe que a noção de "reinventar a si mesmo", que aqui nos dispomos a enquadrar conceitualmente, se apresenta em nosso cotidiano com essa nota de obviedade. O que exige de todo trabalho conceitual uma prévia desconstrução da sua noção.

Abro aqui um parágrafo em atenção ao leitor iniciado nas coisas da filosofia.

A distinção entre noção e conceito oferecida anteriormente e aceita de modo bem geral não é a mesma proposta por Kant. Este, de modo bem próprio, entendia noção como um tipo particular de conceito produzido apenas com base no entendimento, dispensando, assim, uma imagem qualquer trazida pelos sentidos.

Este livro cuida de dois tipos de reflexão a respeito da "reinvenção de si mesmo".

O primeiro tipo é denominado na filosofia clássica de "teorético". Mas fique à vontade para entendê-lo como teórico mesmo. Uma investigação que começa e termina no conceito sobre o qual estamos debruçados e sua eventual pertinência.

O segundo tipo é de natureza prática. Tem por objeto a implementação efetiva desse reinventar-se. Nas existências de carne e osso. Na minha, na sua e na de outros tantos por aí. No passo a passo das longas trajetórias. Levado a cabo por pessoas que vivem no mundo.

Quem fala em "reinventar-se" está falando do quê, exatamente?

Façamos a mesma pergunta de outro modo: essa noção complexa é composta de que elementos conceituais primários?

Ora. Não é preciso ir muito longe na abstração.

"Reinventar-se" compreende, em primeiro lugar, uma "invenção". Mas não qualquer. Uma invenção específica, que não é primeira, não é inédita; é uma "re-invenção".

Mas não uma qualquer. Uma reinvenção específica – agora quanto a seu objeto –, que é a reinvenção "de si mesmo".

Esses temas nos sugerem de imediato quatro problemas:

O próprio conceito de "invenção"; a possibilidade lógica de esta última se repetir; o conceito do "eu que inventa"; e, finalmente, o "eu que é inventado por si mesmo".

Como veremos, a despeito das aparências, não há – nisso que acabamos de listar – nada muito evidente, de compreensão imediata. Longe disso. São noções complexas. Que permitem discordâncias bem plausíveis.

No entanto, essa nossa preocupação – com a pertinência das definições – não é trivial.

Acompanho o trabalho de colegas palestrantes, bem como de gestores, que também se manifestam sobre o tema. Quase todos se servem do termo "reinventar-se" como noção de compreensão imediata, dispensando qualquer esforço explicativo. Como se seu significado não comportasse nenhuma complexidade e, portanto, não admitisse problematização ou dúvidas para seu pleno entendimento.

A esse relaxamento com a questão conceitual, soma-se o estatuto esperado da noção na vida das pessoas.

Trocando em miúdos.

A nossa "reinvenção de si mesmo" não é apresentada como uma mera possibilidade. Uma alternativa existencial. A ser adotada, ou não, como referência por um vivente soberano.

Nada disso. Muito pelo contrário.

Um princípio

Você precisa se reinventar.

Uma frase que pode assumir pelo menos dois papéis distintos: por um lado, em relações mais horizontais, trata-se apenas de um aconselhamento ou advertência.

Por outro, havendo hierarquia, "reinventar-se" assume o estatuto de comando. Quando não de ameaça.

De fato.

"Reinventar-se", além de um conselho, em muitos cenários de interação, é uma ordem. Apresentada de modo indiscriminado e impessoal, como uma ação necessária para a vida em sociedade. Iniciativa que qualquer comandado tem que ter.

E, como toda ordem, escorada em um entendimento que não é o seu, o do comandado. Mas de um terceiro, o comandante. Dedicaremos um capítulo a esse tema.

Para que essa e outra ordem qualquer possa ser efetiva – implementada de fato – e eficaz – alcance os resultados pretendidos –, tanto o comandante, que dá as cartas, quanto o comandado, que guarda o baralho, devem integrar uma estrutura hierárquica. Ou, pelo menos, entender-se integrando-a.

E o que vem a ser exatamente uma hierarquia?

Trata-se de outra noção, assim como o próprio "reinventar-se". De entendimento imediato no senso comum. Por isso mesmo, deve merecer nossa maior atenção.

A etimologia, ciência que estuda a origem das palavras e de seus significados, é recurso muitas vezes bem-vindo. Mas aqui pode nos confundir. E por quê?

Talvez porque o passado – ou o que fizemos dele – não tenha sempre razão.

Veja o que acontece. A causa da bagunça é previsível. O que era não é mais. Simples assim.

Se usamos até hoje o termo "hierarquia", seu significado atual está desconectado do antigo, o da sua origem. O que terá acontecido no meio do caminho?

Comecemos pelo fim. No caso, aqui, pelo final da palavra. *Arquia*. A inversão se justifica. O termo, em grego, significa "princípio". O que nos devolve a ordem convencional. Você o encontra em palavras do português como arquétipo, monarquia, e muitas outras.

Um princípio, portanto.

Tanto em seu sentido espacial, de origem, de marco zero, fazendo lembrar o cruzamento das coordenadas cartesianas, quanto no sentido temporal, de começo, começo dos tempos ou de um intervalo.

Princípio também no sentido causal, de motor primeiro, gatilho ou *start*, como se diz hoje; e, finalmente, no sentido lógico, isto é, referência a partir da qual se fazem todas as inferências.

Essa riqueza de significados justifica sua presença em todas as áreas do conhecimento. Dos princípios da cinemática aos do direito administrativo.

Fiquemos agora com *Hiéros*. É a primeira metade da palavra "hierarquia", a parte que estava faltando. Que, em grego, significa "sagrado".

Não temos como seguir viagem sem uma palavrinha sobre esse significado. Não dá para deixar passar batido, como dizem meus alunos.

Definir pelo contrário pode ajudar. Como o verdadeiro pelo falso. O generoso pelo avaro. O justo pelo injusto. Sobretudo quando este último é mais abordável ou familiar do que o conceito que nos entretém.

No caso do sagrado, eu não sei se esse tipo de estratégia resulta fértil. Acho, na verdade, que não há muito ganho. Mas, como cada leitor é um mundo desconhecido, não custa arriscar.

É sagrado o que não é profano. Pronto. Falei.

Mas não sei se ajudou muito. Alguns terão ficado na mesma. Outros, até recuado.

Melhor tentar por outro caminho.

Há quem o aproxime do sobrenatural. Valer para além das coisas da natureza. Iniciativa que traz alguma luz. Mas é por demais restritiva. Implica, por exemplo, deixar de lado um pedaço importante do mundo. O artificial. E o sagrado também o transcende.

Tentando melhorar a ideia, esse "sagrado" não se confundiria, então, nem com as coisas da natureza nem com as coisas produzidas pelo homem. Que, nunca é demais lembrar, também é natureza.

E aqui você poderia perguntar:

– Mas sobrou alguma coisa? De fato, o que poderia haver além do natural e do artificial?

Pois é. Mas algo deve ter sobrado. Afinal, o tal sagrado precisa corresponder a algo, não?

Há mesmo, em tudo que é mais sagrado, um descolamento das coisas mundanas. A ponto de não se deixar tocar, sob pena de sacrilégio.

A ideia de ruptura simbólica é bem-vinda. De separação mesmo.

De um lado, sua roupa de baixo. De outro, o sagrado. De um lado, seu carro e sua moto. De outro, o sagrado. De um lado, sua cama com seus lençóis. De outro, o sagrado. De um lado, o simplesmente humano, o cotidiano. De outro, o sagrado.

Nada de grandioso que possa nos vir à mente no comportamento humano – da vida de todo dia –, bem como na relação entre humanos, dá conta de nos aproximar do significado de sagrado. Nem respeito, nem excelência, nem dignidade, nem virtude. Nada.

O sagrado cobra do seu outro algo como reverência e adoração. E aos desavisados, temor e fascinação compulsória.

Nessa linha, considera-se "sagrado" tudo a que se atribui valor absoluto. O que corresponde a valer em todo tempo ou espaço. Para além de qualquer circunstância. E este último entendimento nos ajudará logo, logo. É só aguardar.

Bem. Hora de juntar tudo o que fizemos e ver no que deu.

O problema do capítulo era a hierarquia. A história da palavra nos indicou o seguinte resultado: um "princípio sagrado". Mais um abacaxi para descascarmos juntos.

E por quê?

Ora. O que pode haver de "princípio" em um modo de organizar as relações inventado pelo homem, alterado sempre que o poder muda de lado, para alcançar fins de circunstância?

E o que pode haver de sagrado na alienação de boa parte da própria liberdade, pela entrega de prerrogativas decisórias a um superior também de circunstância?

Como você vê, o que talvez servisse para o passado, nos dias de hoje, nos deixa em pleno limbo. Resta deixar o passado para os saudosistas de plantão e buscar entendimento em outro lugar.

É o que faremos.

Uma razão

Quando a ciência moderna passa a questionar o paradigma cósmico grego – articulado em torno da ideia de uma natureza sábia, ordenada e referência para tudo –, este deixa de ser o princípio a partir do qual se definem as existências individuais, bem como as pólis que as abrigam.

Tudo mudou. E muito.

Mas, nesse caso, o que teria entrado no lugar do cosmos? Qual o novo fundamento das existências individuais e das cidades justas?

A razão humana. Com sua soberania, sua autonomia e a vontade que dela decorre. A própria razão prática humana substituiu a estrutura abstrata e cósmica grega transcendente a homens e mulheres. Perdendo, assim, um pouco de seu sagrado.

A hierarquia agora se funda no interesse dos próprios humanos. São eles que se encontram no comando. Na falta de uma estrutura abstrata, ordenada e eterna a nos definir tudo, sobrou nossa razão – nosso entendimento das coisas para definir o que são a vida boa e a convivência justa.

A hierarquia torna-se estratégica, funcional e, portanto, regida pela eficácia. Tudo isso a serviço do humano, que monta e desmonta as estruturas hierárquicas em função de suas forças e de seus interesses.

Por isso, o modo piramidal de tomada de decisões pode até ser definido pelo humano como princípio, desde que se entenda que foi ele mesmo que o instituiu, e como sagrado, desde que o é porque ele quer.

Feitas tais ressalvas, a hierarquia tornou-se, em tempos da vontade humana no comando, uma forma particular e deliberada de ordenação. Seguida, quase sempre, de uma classificação.

Uma disposição em exercício, pensada e racional, de pessoas com vistas a alcançarem juntas determinado fim, interagindo segundo aquela disposição.

Estamos falando até aqui de uma ocorrência em curso. De um fato na vida de um grupo.

Mas a hierarquia é também uma norma. Uma prescrição. Um jeito de se relacionar que "deve" se impor em um espaço específico de interação.

Mas onde está a especificidade da disposição hierárquica em relação a outras formas de interação?

Está na concentração circunscrita, mas repetida, de certo poder. Que instaura relações cotidianas de dominação, mais ou menos travestidas de mera subordinação funcional.

Por isso mesmo, é noção que sempre deixa uma pulga atrás da orelha. Chamemos aqui de suspeita. Em especial para os que consideram a autonomia um valor existencial maior. Afinal, já ouvimos, em algum momento, a conversa de sermos todos iguais, titulares de direitos iguais e até de oportunidades iguais para viver com dignidade.

Ora. Só pode causar perplexidade uma noção que normatize classificar os seres humanos por ordem de importância. Como se fossem dotados de valores desiguais.

Fosse em tempos de Grécia antiga, quando o valor de cada um tinha a ver com as potencialidades da própria natureza, não haveria incoerência alguma. Defendiam de punho cerrado uma hierarquia natural entre os seres.

Porque, de fato, recebemos em partilha, ao nascer, recursos muito diferentes para viver. E nossa posição no mundo, de superioridade ou inferioridade relativa, estaria vinculada a esses recursos.

Mas, em tempos de modernidade, de humanismo, de Iluminismo, com a vontade do homem tomando o lugar do cosmos, e a maioridade do pensamento pretendendo assumir as rédeas do próprio destino e identificar o que queremos para a humanidade – assim como os caminhos aceitáveis para alcançar os propósitos –, toda desigualdade de princípio causa desconforto.

Por que, então, se aceita com tanta facilidade a existência de estruturas hierarquizadas em que o poder decisório é altamente concentrado e a autonomia dos estratos inferiores, praticamente inexistente?

Em primeiro lugar, toda hierarquia só é aceitável se relativa. A tempos e a espaços, como tudo que é relativo. A funções individuais e coletivas. A tarefas de execução cooperada. A fins institucionais específicos.

Assim, seja no Exército – para lançar mão de um exemplo inequívoco –, mas também no Estado, em uma empresa, em uma instituição religiosa, a hierarquia dita funcional assegura blindar contra a desigualdade as pessoas que ocupam os cargos superiores ou inferiores.

Em outras palavras, os humanos podem continuar iguais em direitos, oportunidades, prerrogativas e dignidade. Mas isso não implica que as atribuições e os poderes inerentes a seu exercício, bem como as responsabilidades a ele inerentes, também o sejam.

Em segundo lugar, a aceitação de estruturas hierárquicas requer algum tipo de compensação. Econômica, no mais das vezes, como a troca de submissão por salário. Mas também simbólica.

De fato.

O pertencimento a certos coletivos, muitas vezes hierarquizados com rigidez, pode valer muito no seu exterior. Dizer-se colaborador dessa ou daquela empresa com muito prestígio permite uma preciosa transferência de capital simbólico da instituição para seu agente, integrante ou porta-voz. Com consequente ganho de legitimidade, autorizadora de novos movimentos estratégicos e ganhos correspondentes.

Em relações hierárquicas, como acontece no interior das instituições, fala-se quase sempre, de modo implícito ou explícito, em nome do bem destas últimas.

Desse modo, a sugerida "reinvenção de si mesmo" seria uma necessidade institucional.

Observe-se que, ainda que no comando possa não haver muita diferença de comunicação, seu teor não se confunde com a solicitação de uma ação específica ou mesmo de uma tarefa diária.

Quando quem comanda solicita um relatório a um comandado até o final da manhã, há muita clareza do que se espera da ação deste último.

Mesmo quando a determinação requer, também com clareza, alguma ação que se estenda no tempo, não há dificuldade em atribuir sentido ao que está sendo solicitado.

Por exemplo: "A partir de amanhã, eu gostaria que o senhor deixasse de atender como motorista a toda a diretoria e passasse a me acompanhar, com exclusividade, em todos os meus compromissos, responsabilizando-se, sobretudo, pelo transporte do meu equipamento de trabalho".

Ora, tanto no caso do relatório como no da nova função, há uma compreensão imediata do que se espera do executor cuja ação está sendo comandada.

Em ambos os casos, houve decisão hierárquica explícita.

Mas o comando de "reinventar-se" não é bem assim. É diferente. Ele é vazio de positividade. Do tipo: "Mude aí, velhinho. Não sei como. Mas do jeito que está não pode ficar".

Um desencaixe

Para que não nos afastemos perigosamente da nossa linha de pensamento, vale aqui uma retomada. Que pode enriquecer.

Vai que você interrompeu a leitura e retomou dias depois. Deixou marcada a página referente a este capítulo. Mas o que foi lido já vai longe. Não custa nada refrescar as ideias. Não nos tomará mais do que um minuto.

Estamos falando de "reinventar-se". Um termo que pode ser entendido de muitos modos, de acordo não só com o tempo e o lugar em que estivermos, mas também com os recursos conceituais que possamos mobilizar.

Dizíamos que, no pensamento antigo – para nós, ocidentais, muito marcado pelos gregos –, o universo é cósmico. Como um organismo vivo. Finito e ordenado. Constituído por partes.

Cada uma delas tem um lugar para existir e uma tarefa a cumprir. Disso depende o bom funcionamento do todo.

Nós, humanos, ainda segundo esse jeito grego de pensar, fazemos parte desse cosmos. Portanto, não fugimos à regra. Temos um lugar natural e um papel a honrar.

Se o vento venta e ao ventar cumpre seu papel, os humanos "humanam". Seja por intermédio de atributos genéricos, comuns a todos eles, seja pelos outros, específicos da natureza de cada um.

Ótimo. Aqui chegamos ao "reinventar-se".

E o leitor argumenta:

– Mas se já está tudo pronto, predefinido pela natureza, a possibilidade de uma reinvenção de si mesmo é descabida.

Em um primeiro momento, eu assino embaixo. Mas veja bem. Dá para aperfeiçoar. Afinal, na hora de viver, são muitas as alternativas. E os gregos admitiam isso. Só que muitas delas que possam nos ocorrer, e até mesmo merecer nossa preferência, convertendo-se em vida vivida, podem estar em claro desalinho com o que a natureza do todo espera da nossa.

Ora. Ao nos darmos conta de que a vida está amarrada, longe de se realizar plenamente, acabamos decidindo dar uma chance a nós mesmos. Entregar o comando à própria natureza. E, assim fazendo, mudamos de rumo. No sentido de um melhor encaixe no todo.

Quer um exemplo?

Percebendo que a sua natureza pulsa pela música, o indivíduo decide abandonar a vida de artesão – produtor de artefatos para montaria – e vai se dedicar ao aprendizado da nobre arte, à composição.

A natureza do todo certamente celebraria a decisão. E a vida teria muito mais chance de valer por ela mesma. Esgotar nela mesma a sua razão de ser. De ser feliz, em suma.

E aqui eu pergunto: por que não considerar esse tipo de adequação um "reinventar-se"? Por mais que a resposta certa já estivesse dada. Escrita nas estrelas.

Acho que ficou claro. Melhor do que nas páginas anteriores, em minha opinião.

Mas foi aí que alguns geniais cientistas resolveram jogar água no chope dessa conversa toda. E o paradigma cósmico grego foi para a cucuia. Literalmente desmontaram esse modo de pensar. E como fizeram isso?

Do ponto de vista filosófico, atacando seu princípio maior. Com constatações avassaladoras. O universo não é finito. Nem ordenado. Nem tem um lugar para cada um. Tampouco prevê uma finalidade a alcançar.

Bem. Eu não preciso anunciar – mas o faço mesmo assim – que a nossa teoria do encaixe foi por água abaixo junto com o resto.

"Mas e agora?", você pergunta, atônito. "Quando eu tiver dúvidas na hora de viver, diante de vários caminhos cogitados, qual o melhor?"

E você continua pensando consigo mesmo. Alerto que, quando isso vira um hábito, é difícil largar. Bem. Vai você daí. O que veio à cabeça?

Que com os gregos não havia muita margem de manobra. Mas, pelo menos, conhecendo a própria natureza e entendendo bem o funcionamento do todo, eu conseguia me encontrar. E agora, no meio do infinito, do caos, sem saber direito onde estou, para onde ir? O que fazer?

Calma. Há que colocar algo no lugar desse cosmos.

Antes de mais nada, foi preciso aceitar que esse todo organizado não daria mais conta de nos oferecer referência para a vida. E isso não aconteceu de uma hora para a outra. De certo modo, ainda não aconteceu completamente. Há muitos saudosistas da antiguidade defendendo suas premissas.

"Mas o quê?", você pergunta, já meio aborrecido.

Não havendo mais nada confiável no mundo fora de nós mesmos, com quem passaríamos a ter que contar? Eu é que lhe pergunto agora.

E antes que você se apoquente de vez.

Contar com o que nos restou de mais confiável: nós mesmos, uai.

O humano. Com sua razão prática. Seu discernimento. Sua lucidez etc. Seremos nós a discernir sobre os bons caminhos. Sobre os valores em geral. Sobre o certo e o errado na hora de proceder.

Mas aí eu sei que você continua *caraminholando*. Será mesmo que somos assim tão confiáveis? A ponto de entregar doravante a tarefa de discernir sobre tudo o que importa?

E você continua: "Estando tudo na nossa mão, já vi tudo. Cada um vai puxar a brasa para a sua própria sardinha. Vai ser um *pega pra capar* sem fim". Ou, nos termos de um filósofo, uma guerra de todos contra todos.

Você reflete bem. Mostra interesse pelo nosso enredo. Tenho orgulho de que leia o que estou escrevendo. Que me acompanhe nesta jornada sobre esse "reinventar-se" de que tanto se fala hoje em dia.

Mas não precisamos nos afobar. Até porque quem teve de encarar o pior desse momento de profunda crise de fundamentos e valores foram os nossos coirmãos humanos dos séculos XVI, XVII e XVIII.

E eles já deram o jeito deles. E nós podemos ir um pouco na deles. Como se estivéssemos juntos. Podemos nós também cogitar uma outra saída que não o conflito sem fim.

A possibilidade de encontrarmos soluções, pela inteligência, que sejam tão verdadeiras e, portanto, indiscutíveis, que todos, capacitados pela sua própria razão, não tenham remédio senão admitir sua pertinência.

Soluções que estejam bem acima das situações concretas de vida, dos interesses de circunstância, dos apetites e desejos de uns e outros. Que todos reconheçam como fundamentadas em terreno bem sólido.

Viu só? Se isso vier a acontecer, essa razão prática que temos todos permitirá elaborar pensamento sólido o suficiente para substituir o cosmos de outrora.

Um fundamento

Perdemos o nosso princípio.

De fato.

No momento em que a ciência moderna passa a questionar e desmantela esse paradigma cósmico grego – fundado, como vimos, na evidência de um todo ordenado, de uma natureza lógica e sempre boa, estruturada e estruturante, com seus lugares certos e suas finalidades –, ele, o paradigma, desaparece como referência, tanto para as existências individuais quanto para as pólis, tão rigidamente hierarquizadas.

Apesar disso, as relações hierárquicas continuaram existindo. E, graças a elas, nos dias de hoje, um abelhudo com crachá pomposo acha que pode chegar junto e mandar você deixar de ser quem é.

Sim. As hierarquias ainda põem ordem na casa por onde estivermos. Com seus comandos e suas submissões.

Só que agora perdemos o cosmos a abençoar os mandões de plantão, bem como seus, mais ou menos, dóceis submissos.

E você pensa: "Para que precisamos desse princípio? Deixe isso assim mesmo! As coisas são como são e pronto".

Entendo que queira se livrar do problema. Mas vamos ter que enfrentá-lo. Sabe por quê? Vou dizer o que eu acho, assim, do meu jeito...

❦

Tudo seria mais fácil se estivéssemos na física ou na biologia. Como já repetimos à exaustão em outros encontros, nas ocorrências da *physis* – "natureza" em grego –, o vento só venta como poderia ventar. Sentido, direção, velocidade, temperatura. Tudo necessariamente daquele jeito. E a maré também mareia do único jeito possível, dadas todas as causas materiais envolvidas.

Nesses casos, a abordagem científica grita sozinha. Primeiro, observa. Identifica todas as variáveis. Avalia sua incidência no fenômeno estudado. Entende direitinho como aquilo funciona. O porquê das coisas.

Na sequência, você explica aos interessados o que passou a conhecer. Torna público. Comunica. No fim, você limpa a bancada e cai fora. Tudo bem higiênico.

O problema é que, nesse tema do "reinventar-se", o assunto muda de figura. Não há, nas relações hierárquicas entre pessoas, uma necessidade, como acontece no caso do vento e no da maré.

O que isso quer dizer?

Que, quando humanos se relacionam, não precisa ser necessariamente daquele jeito. Essas relações poderiam funcionar de outro modo. Como na busca permanente da aceitação dos envolvidos, por exemplo. Em uma reunião de condomínio, se todos não estiverem de acordo, a iniciativa é abortada.

Sendo assim, a hierarquia é um modo de interação entre muitos outros possíveis. Resulta de uma deliberação. De uma decisão. Trata-se de uma escolha. Nesse caso, é possível que ela mesma não constitua unanimidade. Precisando, assim, ser proposta, defendida, argumentada, justificada.

Por isso, um "princípio de natureza" faz falta. Porque ele torna aquela realidade, já existente e prescrita em norma, provavelmente do interesse só de alguns, aceitável por todos.

É como se alguém dissesse – vou destrinchar a frase para facilitar sua compreensão:

"Bem,

Já que é assim, que o cosmos existe, é bom, belo, verdadeiro, divino e lógico, e ele é estruturado hierarquicamente, dado que para nos harmonizarmos a ele precisamos nos organizar como um espelho seu, acho melhor aceitar que entre nós deva haver algum tipo de hierarquia, escorada na natureza de cada um.

E se, por natureza, uns são superiores aos outros, pois então, resta entregar aos primeiros o comando e lhes obedecer".

Viu como ajudou? Mais do que isso até.

Viu como foi indispensável, durante tantos séculos, que as pessoas percorressem – com maior ou menor consciência das suas etapas – todo esse caminho, para que não se arvorassem em andar fora da linha, pisar fora de seus quadrados, jogar água fora da bacia e tudo o que, para os gregos, significava viver em desarmonia cósmica?

Chamada por eles de *hybris*.

Pois bem. Mas, como já dissemos, tudo isso foi para a cucuia. O fundamento da hierarquia, por obra e graça dos cientistas, deixou de ser uma natureza superior e anterior ao humano e que a ele se impõe.

Tudo mudou. E muito.

Você que lê com atenção se pergunta agora:

– Entendi a importância de legitimar. De tornar aceitável. De obter uma aceitação pelo convencimento. Mas e agora? Como tornar aceitável que uns poucos mandem e muitos obedeçam tendo perdido o cosmos como referência?

Nossa! Essa pergunta é crucial. Linda mesmo. Vamos ter que nos virar nos 30 para costurar alguma resposta. Vou tentar fazê-lo respeitando nosso compromisso inicial. Nossa aventura é pelos conceitos. Serão eles a nos ajudar.

※

De fato, perdemos um princípio. Mas continuamos precisando de um fundamento – capaz de legitimar a mesma realidade e a mesma prescrição – que não esteja necessariamente na origem ou no princípio de nada. Lembre-se: fidelidade aos conceitos.

Falamos anteriormente em fundamento. É sempre pertinente justificar a mudança dos termos. No capítulo anterior, pela influência da etimologia, nos alongamos sobre a ideia de princípio.

Pois bem. Vale deixar claro que princípio e fundamento não são a mesma coisa. Este último tampouco se confunde com causa ou origem.

Se uma causa explica um fato, um fundamento, não. Preste bem atenção agora. Um fundamento estabelece uma prerrogativa. Um direito. Ou um dever, porque não pode haver direito de alguém sem algum dever de alguém outro.

Você lê e, suponho, pensa consigo mesmo: "Esse tal fundamento cai como uma luva. Vem bem a calhar. Afinal, era bem do que estávamos precisando".

Nós, para entendermos por que essa dinâmica de mandar e obedecer funciona tão fácil. Os mandões, para terem algo a dizer na hora de se justificar. E os submissos, na hora de obedecer.

Alguma coisa que legitime um direito. E não pode ser nada fraco. Porque o direito a legitimar é simplesmente o de mandar nos outros.

O "fundamento" em abstrato confere sustentação a direitos e deveres quaisquer.

Agora, fundamentos de carne e osso, os específicos, são apresentados a torto e a direito, toda vez que alguém pretende se explicar a respeito de uma pretensão também específica. Milhões de situações de convivência no mundo estão a abrigar pretensões e a cobrar seus fundamentos.

Só um exemplo como tira-gosto. Posso devolver à loja o que já comprei só porque mudei ideia e obter a restituição do valor pago?

E fica a pergunta: o que poderia fundamentar uma ordem do tipo "reinvente-se"?

Deixaremos aqui mais uma pista. Uma vez enunciada, essa ordem vem acompanhada – explícita ou implicitamente – da pena, em caso de inobservância. E essa pena tem algo de especial. Não é o superior a aplicá-la. É o mundo. O real. A vida. Isto é, não tem muito de palpável.

A ordem é bem humana. Já a punição, a respeito dessa o desobediente terá que se ver com forças de outro nível. Sagradas, talvez.

Um comando

Reinvente-se já! E isso é uma ordem!

O termo "reinventar-se" é usado em modo de comando.

– Reinvente-se!

Ou ainda:

– Você tem que se reinventar!

Esse é o imperativo da gramática. Bem vizinho ao senso comum.

Mas cabe aqui um esclarecimento. Não é bem desse imperativo gramatical que vamos falar neste capítulo. A palavra é a mesma, mas o significado é outro. Por isso, venha comigo. E rapidamente nos colocaremos de acordo.

❦

Em que consiste um imperativo?

Trata-se, antes de tudo, de um comando. Como o de fazer isso ou aquilo. Eis o que nos entreterá nas páginas deste capítulo.

"E o que vem a ser um comando, exatamente?", você pergunta, com aquele gosto de não deixar mais nada passar batido, ficar no limbo ou pouco claro.

As definições que oferecemos neste livro não têm estatuto de "acerto sem discussão". São propostas, sempre aperfeiçoáveis, que buscam nos colocar, ao menos parcialmente, no mesmo orbital de significado.

Então vamos ao comando.

Um ato de comunicação – que pode ser um discurso (com suas palavras e frases), um gesto, um desenho etc. – que visa determinar, por decisão de quem o comunica, uma ação alheia específica, isto é, não de si mesmo, que se segue.

Primeira observação. Os atos de comunicação que podem objetivar um comando são muitos. Não cabe exauri-los aqui com exemplos.

Segunda. No comando, a tomada de decisão é de autoria coincidente de quem o comunica. Caso o autor da decisão e seu porta-voz não sejam a mesma pessoa, o comando não está, obviamente, na manifestação deste último. E, sim, do primeiro.

Terceira. Não há comando em formulações meramente descritivas. Não se trata de explicar, relatar ou narrar os fatos. Tampouco de estabelecer vínculos causais explicativos da realidade. Todo comando é necessariamente prescritivo. Assim, como exemplo, não há comando quando avaliamos o clima. Tampouco quando antecipamos a temperatura do dia seguinte.

Quem comanda visa, alinhado ao que diz, a uma certa transformação do mundo. A uma realização que não é qualquer. A uma *performance* específica. Por isso, diz-se que é performativo. Faz acontecer o que prescreve.

Quarta. Além de enunciativo e prescritivo, todo comando é impositivo. Não se confunde com aconselhamento ou mera sugestão. Retira do comandado, de modo episódico e temporário, a autonomia.

Claro que sempre haverá a possibilidade de resistência e insubordinação.

⚜

Retomando nossa construção. Dissemos que um imperativo é um comando. E definimos este último. Podemos, então, ir em frente.

O fato de todo imperativo ser um comando não o torna seu sinônimo.

E por que não?

A lógica sempre apoia. O fato de todo x ser y não obriga todo y a ser x. Como não?

De jeito nenhum. Toda samambaia (x) é planta (y). Mas nem toda planta (y) é samambaia (x). Viu só?

Então. Todo imperativo é um comando. Mas nem todo comando é um imperativo. Em outras palavras, podemos afirmar – servindo-nos dos conceitos mais familiares aos biólogos – que o imperativo é uma espécie do gênero comando.

Nesse caso, o que faz de um comando, um comando imperativo? Preste bem atenção agora.

No imperativo, o comandante e o comandado são a mesma pessoa. A prescrição de conduta tem sua origem em um indivíduo e deve ser implementada por ele mesmo. Uma produção discursiva, de cunho prescritivo, que começa e termina na primeira pessoa do singular.

Eis o que distingue o comando imperativo de outros tipos de comando, como a ordem. Nesse último caso, o comandante e o comandado são pessoas diferentes. Como chefe e subordinado. Ou quem sabe ainda um Deus ou um soberano.

Acatar uma ordem é se submeter. Acatar um imperativo é governar a si mesmo. Executar as próprias decisões. Exercer sua autonomia. Ser livre, em suma.

⁂

Quando falamos em comando, a associação com perda de liberdade por parte do comandado é quase inevitável. Afinal, se na ausência deste as possibilidades existenciais se estendiam ao limite da cogitação, na eventual observância de um imperativo, não é bem assim. Há restrição.

Pois bem. Essa associação tão tentadora e compartilhada entre comando e perda de liberdade pode ser problematizada. Ao menos no caso do imperativo. E por quê?

Porque a liberdade perdida o é livremente. Trata-se daquilo que a liberdade impõe a ela mesma. Ou seja, o agente limita suas próprias possibilidades de ação, digamos assim, porque quer.

⁂

O imperativo é um processo necessário de autodeterminação que nos tira do limbo das meras possibilidades e nos joga na concretude das práticas.

Sua enunciação vem revestida de um tom mais alarmante. Sobretudo em sociedades em que a questão da moral ficou relegada a segundo plano em relação ao próprio sucesso, desempenho, resultado, ganho, prazer, conforto etc.

Por isso, "reinventar-se" figura, nas interações do cotidiano, como um procedimento de relevância mais radical. De raiz mesmo. "Tornar-se um outro" é anunciado como um autêntico dever existencial. Bem como uma condição de certa sobrevivência funcional.

⚜

Antes de irmos adiante, talvez seja necessário darmos uma paradinha para amarrar os sapatos. Ou reparar nossa embarcação que foi atingida por alguns galhos de árvore. Assim, o deslocamento será percebido como mais seguro.

Eu disse que um comando é um ato de comunicação. E que o autor da decisão não coincide com o comandado. Ora, como pode esse imperativo ser um tipo de comando se não atende a seus requisitos?

Vou tentar defender minha posição. Sinto-me acuado.

Você nunca conversou consigo mesmo? Produziu em sua mente mensagens destinadas a si mesmo? Para serem executadas por si mesmo? Algo do tipo: preciso ir ao supermercado. Não tem nada na geladeira. Se você morasse sozinho, talvez verbalizasse. Para o ato de comunicação, acho que entendeu por onde vai minha argumentação.

Quanto ao fato de o comando exigir duas pessoas, talvez esse requisito pudesse ser mais bem trabalhado em nossa definição de comando. Afinal, todos sabemos de quantos "eus" diferentes cada um de nós acaba se constituindo. Mas, como eu disse antes, está aí para ser melhorado.

Um imperativo

A humanidade precisa se reinventar! Começando por você!

Daqui para frente, dediquemo-nos ao imperativo. É o que nos interessa neste capítulo. Essa é a nota dominante do "reinventar-se". Tudo que fizemos até aqui foi apoiá-lo no conceito de "comando". Com todas as dificuldades que você pôde constatar.

~❦~

"Reinventar-se" pode ser um dever moral?

Você olha torto e pensa: "O que faz de um dever um dever moral?". Não ficou bonita a construção da frase. Mas acho que ajudou no entendimento. Em outras palavras: qual seria a diferença específica entre um dever moral e um outro qualquer que não o é?

Podemos começar como sempre. Pelo que se encontra mais à mão.

Lembro do "dever de casa". Também chamado de "lição de casa". Seria esse um dever moral?

A primeira impressão, não sei se o leitor é da mesma opinião, é que mesmo, por enquanto, sem fundamento algum em que se escorar, um dever de casa trazido da escola não configura um dever moral.

Quem sabe outra situação nos ajude mais.

Na distribuição doméstica de tarefas, alguém lhe diz: será seu dever, a partir de amanhã, deixar a louça limpa. Assim que a refeição terminar. Tanto a do almoço quanto a do jantar.

A pergunta permanece. Esse dever de lavar a louça é um dever moral?

Quem sabe o que gira em torno do conceito de moral nos coloque em chão mais firme. Por enquanto, estamos à deriva.

Voltaremos à lição de casa e à louça em breve.

❧

Bem. Para caminharmos com mais segurança, resta-nos abordar essa tal de moral.

Se eu tivesse que escolher o primeiro degrau para subir com você, proporia que a moral sempre começa e termina na primeira pessoa do singular.

Antes de ir além, eu disse que proporia alguma coisa. Trata-se, portanto, de uma proposição. Na mesa de bar, quem propõe alguma coisa é porque a submete à aprovação dos demais.

– Rola uma saideira para todo mundo?

Já na filosofia, é Aristóteles quem nos ensina, trata-se de uma afirmação que pode conter o verdadeiro ou o falso. Nem todas as afirmações pretendem contê-los.

Os mais velhos cantavam:

– Tomara que chova três dias sem parar!

Essa frase expressa um clamor, um desejo. Não contém nada de verdadeiro, tampouco de falso. Não se trata, portanto, de uma proposição.

Pois bem. A afirmação que fizemos atende aos dois santos. Ao do bar e ao do filósofo. Submeto à sua prestigiosa aprovação uma afirmação que se pretende verdadeira.

Voltemos a ela. A moral começa e termina na primeira pessoa do singular.

Sei que ficou abstrato. Então, vamos lá! Sempre juntos.

Você tem uma decisão a tomar. Em um caso muito concreto da sua vida. Uma situação a ser vivida em carne e osso, como gosto de dizer. No coração dessa particularidade. Como seria, no meu caso, se um cliente que me pedisse uma palestra sobre resiliência dos colaboradores me informasse que o único valor relevante fosse o lucro da empresa.

Veja. No momento em que a situação se apresenta, você vive a experiência. Observa o que acontece. O modo como o afeta. E você se encontra em plena primeira pessoa do singular. O seu "eu".

É esse tal de "eu" que vai decidir o que fazer. Muito bem. Em um segundo momento, ele vai pensar, pensar, pensar, pensar e, finalmente, concluirá: o que devo fazer é isso ou aquilo.

Trata-se, portanto, de um processo em três movimentos. Começo, meio e fim. Podemos nomeá-los: experiência da situação vivida (I), identificação das alternativas práticas e identificação da moralmente devida (II), decisão para aquela situação concreta e execução (III).

Muito bem. Como você mesmo pôde ver, o nosso primeiro movimento começou na primeira pessoa. O seu eu, enfrentando uma decisão a tomar. Essa é a moral em seu primeiro movimento. Aí você pensa no que vai fazer.

Esse é o segundo movimento. E, finalmente, você decide e faz. Esse é o terceiro movimento.

Aí você lê e relê o que acabou de ler e conclui: "Bem, a primeira fase é de constatação do caso concreto. De fato, a coisa é comigo. Sou eu que estou ali, vendo o problema. A terceira fase é de decisão e execução. A coisa também fica só comigo. Afinal, sou eu que vou aguentar a bronca das consequências da minha decisão".

Mas a tal da segunda fase, de diagnóstico de alternativas práticas e identificação da que é moralmente devida, como fica?

Aqui reside todo o charme da história. Porque o protocolo de pensamento que você vai usar para, no âmbito da moral, identificar a ação moralmente devida, pois bem, esse protocolo não é coisa só sua.

"E por que não?", você pergunta.

Porque a moral não se reduz a uma simples preferência. Não é questão de ver o que lhe agrada mais. É preciso ser plausível. Racionalmente sustentável. Para além de você. Para qualquer um. A moral não se limita a resolver o seu problema particular.

Vamos adiante.

Sugerimos também que os deveres propriamente morais se manifestam por intermédio de imperativos que não estão condicionados a nada.

E aqui esse "nada" é para ser levado a sério.

Poderíamos pensar novamente em uma situação específica de interação entre duas pessoas. E uma delas hesitou entre atirar ou não em outra. Seja lá qual for a decisão por ela tomada, você descobre que essa pessoa estava na grave iminência de ser atacada por sua vítima potencial. Fica clara a vinculação entre o que será decidido e outros episódios dessa interação.

Mais um exemplo.

Dadas as condições financeiras em que me encontro, cogito agir de modo ilícito com vistas a me apropriar do que não é meu.

O Direito contempla situações condicionadas desse tipo. Como nas chamadas excludentes de ilicitude. O "estado de necessidade", a "legítima defesa" e o "cumprimento do dever legal". Assim, neste último caso, havendo fome, o furto é dito famélico e exclui a ilicitude do ato.

Tudo isso, claro, sem abuso.

Muito bem. Poderíamos cogitar a possibilidade de um dever, de braços dados com um imperativo, que impera sempre. Seja qual for a situação vivida. Mas também sejam quais forem os interesses e as pretensões do agente que decide.

Kant vai chamar esse tipo de imperativo de categórico. Por impor-se categoricamente. Não havendo nada, nenhuma outra variável, que lhe possa subtrair a primazia de seu mando.

O exemplo mais conhecido é o de "não mentir".

Por que mentimos?

Porque as consequências previstas para o discurso mentiroso podem ser mais vantajosas – para seu porta-voz ou para qualquer outra pessoa – do que os efeitos de uma afirmação verdadeira. É por isso que mentimos.

E o que diz Kant?

Que não deveríamos mentir. Mesmo nesse caso.

E por que não?

Para entendermos, precisamos apresentar – com toda a simplicidade que o nosso escopo exige – o modo como ele pensava essa questão do dever.

O jeito mais fácil de entender é colocar em operação seu modelo mental – refiro-me ao dele, de Kant. E tentar descobrir como ele responderia a eventuais perguntas sobre poder ou não poder fazer isso ou aquilo do ponto de vista moral. Esse poder de que falamos aqui, claro, não é uma capacidade (verbo *to be able to*, do inglês), e sim um autorizamento (*may, could* ou *ought to*).

Então vamos juntos.

Estou caminhando pelas ruas de uma grande cidade e carregando um lixo desagradável. Posso me livrar dele em qualquer lugar?

O que diria um antropólogo?

Que cada cultura tem a sua forma própria de lidar com o lixo. Que pode se realizar em uma prática específica de deixá-lo em qualquer lugar, ou seja, no sítio de maior conveniência para seu dono ou portador.

Mas há culturas que consideram o trato do próprio lixo de maneira diferente. O que pode significar, por exemplo, conservá-lo consigo até poder colocá-lo em local entendido como apropriado.

Algo como: o meu lixo é o meu lixo e ninguém tem de se haver com ele. Portanto, devo portá-lo comigo, o dia todo se necessário, até chegar em casa e dar-lhe o encaminhamento público convencional.

O que responderia o filósofo Kant?

Que as culturas podem mesmo ser muito diferentes. Que os jeitos de agir podem variar muito no tempo e no espaço. Na história e na geografia. E disso os antropólogos sabem bem.

Mas não é porque uma cultura indica para o meu lado e a outra para o lado oposto que ambas se equivalem. Não é porque é cultura que tem valor positivo. Que está certa. Que serve de referência. Que deve ser seguida.

A polêmica nesse ponto costuma ser grande. Porque em nome da diversidade cultural, de um lado, e de centrismos culturais, de outro, muito já se debateu sobre práticas que aqui e acolá gozam de um valor civilizatório antagônico.

Muito bem. Até aqui estamos juntos. Toda essa relatividade em relação às coisas do mundo não pode nos impedir de pensar a respeito do melhor jeito de agir. Do jeito certo de agir, quem sabe. Do jeito absolutamente certo de fazê-lo, por que não? Finalmente, do jeito categoricamente certo de proceder.

Um exemplo sempre cai bem para descomprimir.

Imagine todos, todos, com lixo na mão e se livrando dele em qualquer lugar. Pergunto: a vida de todos iria melhorar ou piorar? A humanidade ganharia ou perderia com esse comportamento universalmente implementado?

Se à sua mente vier a resposta positiva, ou seja, de que a humanidade como um todo tem muito a ganhar com a sua conduta, vá em frente. Você tem a aprovação de sua razão prática mais aguda. Agora, se a resposta for negativa, isto é, algo do tipo "o único que vai ganhar com isso sou eu mesmo", nesse caso, a atitude que você cogita implementar é reprovável.

E por que não deveríamos mentir categoricamente, isto é, de jeito nenhum?

Ora. Pela mesma razão. A mentira piora a humanidade. Inclusive, se todos mentissem, concordemos com Kant nesse ponto, ficaríamos mais que escaldados. Desconfiaríamos cada vez mais do que nos fosse dito. E, desse modo, permitiríamos cada vez menos que os mentirosos lograssem seu intento.

Em outras palavras. A universalização da mentira acabaria por torná-la ineficaz – o que em si não é ruim –, mas por intermédio da desconfiança progressiva de todos em todos – o que apequenaria a humanidade.

Uma condição

Reinvente-se! Caso queira sair de onde está!

Pode ser anunciado como um imperativo universal. Que se impõe ante qualquer um. De modo incondicional. Em nome da humanidade. Estamos de acordo.

Mas o certo é que nem sempre é assim.

Em muitas situações, o nosso "reinvente-se" segue imperativo, mas de alcance muito menos ambicioso. Não pretende determinar a ação de todo mundo, não vigora incondicionalmente, nem muito menos se escora em uma humanidade melhor.

Nesse novo caso, o nosso "reinventar-se" é um imperativo de segunda classe. Mais restrito. E se apresenta como condição para outras coisas. Para outros propósitos, por exemplo. Metas a serem alcançadas. Desejos a satisfazer, aspirações a lograr etc.

Aqui, curvar-se ante o imperativo não passa de uma condição para outras ocorrências pelas quais aquele que se curva deve ter interesse. Trata-se de um imperativo condicionado, portanto. Submetido à condição prévia de uma outra pretensão qualquer que, sem a reinvenção de si mesmo, não será possível.

※

Um imperativo de condição. Eis o tema do capítulo. Nada melhor do que começar se perguntando:

O que é uma condição?

Aquilo sem o que tudo que for por ela condicionado não pode existir.

Pode distinguir-se, assim, de uma causa. Com efeito. Se toda causa é condição, nem toda condição é causa. Bem como pode distinguir-se de mera circunstância. De uma situação cheia de variáveis em que um evento se produziu. Nada impede, antes que protestem, que uma circunstância específica seja também condição da ocorrência desse evento.

"Reinventar-se", como mandamento, é anunciado como uma condição. Mas para quê?

Será para a sobrevivência do corpo?

Ou seja, se não se reinventar, morre amanhã. Claro que não. Ao menos não em um primeiro momento. Mesmo que um indivíduo insista em ser o mesmo, ele continuará respirando, bem como podendo dispor de água e comida.

Se não é condição para continuar vivo, "reinventar-se" é apresentado como condição do quê, então?

De trabalho. De funcionalidade. De utilidade remunerada. De ter o que oferecer em troca de dinheiro.

Viu? Nada como ir logo ao ponto. Sem muitos rodeios.

E essa condição poderá, dependendo do estilo do porta-voz, objetivar-se em autêntica ameaça.

Do tipo: se você não estiver disposto a se reinventar, vai se dar muito mal. Vai pagar muito caro por essa sua inércia. Não haverá lugar para você. Aqui você não vai poder ficar. Estará excluído por decreto do nosso mundo.

※

Você concordará que tudo muda muito nesse novo caso. Não se trata mais de uma questão moral que passa do particular da situação vivida para o absoluto de uma máxima universal e retorna para o processo deliberativo.

Nesse novo tipo de imperativo, tudo começa com uma pretensão; a sua satisfação cobra submeter-se a uma reinvenção de si mesmo que, uma vez levada a cabo, permite o alcance do resultado pretendido.

Esse imperativo condicionado que nos ocupa neste capítulo recebe de Kant a alcunha de "hipotético". E por quê?

Ora. É simples. Basta verificar a estrutura do que estamos analisando.

Comecemos pelo indivíduo X. Está sendo instado a "reinventar-se". Qual o fundamento? Se se tratasse de um imperativo categórico, seria porque a universalização da prática representaria condição de uma humanidade melhor. Mas aqui a questão é outra.

Esse indivíduo X deve "reinventar-se" porque, se não o fizer, não logrará algo que muito deseja. Tentemos encontrar um exemplo. Se você X não se reinventar, dificilmente será promovido. Ou algo levemente diferente. Se você X não se reinventar, não poderá continuar trabalhando conosco.

Veja. Aqui, a humanidade ficou de fora. Não se pensa em universalização de práticas. Tudo começa e termina no indivíduo X.

Você deve estar se perguntando: "Mas por que Kant denominava esse tipo de imperativo de 'hipotético'?".

Resposta simples. Está na mão. Suponho que estivesse pensando assim.

A condição para que o indivíduo X obtenha a promoção é "reinventar-se". Nesse caso, o imperativo bem que poderia receber o nome de condicionado. Mas se ele pusesse as coisas de modo ligeiramente diferente.

Na hipótese de o indivíduo X desejar ser promovido, então teria de "reinventar-se". Sim. Porque ainda subsiste a hipótese de esse indivíduo não estar interessado em nada que a reinvenção de si mesmo possa lhe proporcionar.

Então, veja.

Você diz que, na hipótese de o indivíduo X almejar Y, terá que agir Z. Esse esquema nos permitirá estender o imperativo hipotético para infinitos cenários existenciais. Muitos deles podem até ser matéria-prima de uma reinvenção de si mesmo.

Venha comigo. Alguma concretude de exemplos não fará mal a ninguém.

Na hipótese de João pretender melhorar sua condição física (I), deverá praticar exercícios regularmente (II).

Eis um exemplo cristalino de imperativo hipotético. E salta aos olhos do leitor a motivação de Kant para nomeá-lo desse modo. Praticar exercícios, nesse caso, nada tem de categórico.

Até porque, a hipótese que deve ser satisfeita para que o imperativo vigore pode não se verificar. E João não pretender, de jeito nenhum, melhorar sua condição física. Aliás, ele pode nunca ter pensado nisso. E essa meta nunca ter feito parte de sua vida. O imperativo se esvazia pela inexistência de sua hipótese.

Mais um exemplo.

Na hipótese de Helena pretender pensar melhor (I), deve estudar filosofia (II). Encontramos aqui a mesma situação. O imperativo "estudar filosofia" é meramente hipotético. Isto é, vigora na hipótese de Helena pretender pensar melhor. Não sendo esse o caso, estudar filosofia é um imperativo esvaziado de arrimo. Tal como no caso de João.

Mas você, leitor, pode insistir. Não seria a prática física, bem como o estudo da filosofia, algo bom para qualquer pessoa? Não seriam atividades adequadas, mesmo que, em um primeiro momento, nem João nem Helena pretendessem, respectivamente, uma melhor condição física ou pensar melhor? E se todos fizessem ginástica e estudassem filosofia, a humanidade não ganharia com isso?

Talvez você tenha razão no que diz. É provável que sim. Porém, no cenário em que são apresentados, os imperativos são o que são. Ainda que possam ser cogitados diferentemente em outras formulações.

Quando um *personal*, em uma academia de corpos, ou um orientador pedagógico, em uma academia de almas, sugerem um e outro – atividade física e estudo de filosofia –, naquele momento, estão pensando hipoteticamente. E não salvando a humanidade.

Um último exemplo. O imperativo agora é "alimente-se". Você reflete. Esse não pode ser hipotético. Sem a alimentação, não há vida. Não há hipótese de não vigência.

Uai! Claro que há! A hipótese pode estar subjacente, mas ela existe.

Na hipótese de você pretender continuar vivo (I), então, olhe aí, alimente-se. Ante a ameaça de morte, sempre é possível, por parte de quem se submete ou não ao imperativo, não haver a pretensão de conservar a vida.

A estrutura permanece intacta.

Na hipótese de Argemiro pretender continuar vivo (I), então deve alimentar-se.

Aliás, se pensarmos bem, esta última hipótese é condição da vigência de todos os imperativos hipotéticos.

Porque, no fim das contas, a pretensão de desejar coisas ou feitos particulares está condicionada à pretensão primeira de querer continuar vivendo.

"Reinvente-se" é imperativo quase sempre apresentado com suas condições. Com suas hipóteses de satisfação. Aquelas sem as quais seu caráter mandatório se esvazia por falta de pretensão.

"Reinvente-se!" Um imperativo hipotético. Para você saber e se defender de chatos mandões.

Uma repetição

Se um dia você acha que se inventou, bora repetir a operação que está rolando!

"Reinventar-se" apresenta três abacaxis. O "re", o "inventar" e o "se". Assim direto. Tentaremos descascá-los juntos.

Sigamos a sequência indicada pela palavra.

⚜

O primeiro problema é o prefixo "re". Indica fazer mais uma vez – ou mais de uma vez – o que segue na palavra.

A própria palavra "repetir" não foge à regra. Porque esse "petir", que vem na sequência, é outro modo de dizer "pedir". Quem repete pede ao mundo a reedição daquela experiência. Como se fosse uma nova chance.

Mas qualquer outro verbo pode servir de exemplo: refazer, reeditar, reencaminhar, reordenar, recolher, rememorar, relembrar, ressurgir, e por aí vai. Trata-se de fazer, ao menos pela segunda vez, o que já foi feito em algum momento.

No universo, de realidades não produzidas pelo homem, a natureza pode ser percebida como em repetição. Com seus astros, seus movimentos, suas órbitas, suas incidências de forças, e, em consequência, dias, anos, estações e tantas outras ocorrências cuja existência ainda ignoramos.

A arte que nela se inspira também se repete. Na poesia, na música, no teatro, na pintura. Não só em refrão, estrofe, mas na beleza genial de um igual inesperado.

Porque no meio do caminho tinha uma pedra, mas também tinha uma pedra no meio do caminho. Ou, ainda, a mesma fachada da Catedral de Rouen de Monet, em 31 telas, pintadas a diferentes horas do dia e em diferentes meses do ano.

Mas a repetição que conhecemos tão bem não se limita à natureza e à arte. Eu mesmo, que não sou nem asteroide nem artista, não paro de fazer as mesmas coisas.

Por exemplo: já li o mesmo livro várias vezes. Como *O vermelho e o negro*, de Stendhal. Ou *Os miseráveis*, de Victor Hugo. Mais recentemente, *Equador*, do português

Miguel de Sousa Tavares, que terá provavelmente a minha idade.

Lá no ensino fundamental, por conta de pouca interação entre os professores dos diferentes anos, lemos *A moreninha*, de Joaquim Manuel de Macedo, pelo menos três vezes.

Adoro também comer as mesmas coisas. E nos mesmos lugares. A probabilidade de repetir o prato ao retornar a um mesmo restaurante é de quase 100%. A menos que realmente não tenha sido de meu agrado. Mas, nesse caso, evitaria também o estabelecimento.

Assisto com alegria a novelas antigas. Com especial entusiasmo, a algumas que já assisti quando da primeira exibição. Com filmes, então, essa tendência se recrudesce. Não tenho ideia do número de vezes que já assisti ao filme *As loucas aventuras do Rabbi Jacob*, protagonizado pelo cômico francês Louis de Funès.

A música também integra essa lista com os dois pés. A trilha sonora do músico grego Vangelis, vencedora do Oscar, do filme *Carruagens de fogo*, atravessou a minha vida. Berlioz e Tchaikovsky também.

Quanto ao que se compôs mais próximo de nós, os primos Elba e Zé Ramalho, Fafá de Belém, com ênfase para "Canção do agreste", Djavan, Gil, Milton e Beto Guedes.

Beto Guedes. "O medo de amar é o medo de ter / De a todo momento escolher / Com acerto e precisão a melhor direção."* "Feira moderna, o convite sensual / Oh! Telefonista, a palavra já morreu / (...) E eu nem li o jornal."**

Freud vê na repetição uma espécie de compulsão. Tendência irrefreável a recuperar situações de vida difíceis, reproduzindo experiências pretéritas, muitas vezes do passado mais distante, isto é, infantis.

Ele deve ter razão. Essa compulsão a que Freud se refere, de fato, integra a existência de muitos. Mas nem sempre. Afinal, de tudo que me veio à cabeça anteriormente para exemplificar repetições na vida, raros são os itens vinculados a algum momento triste.

※

O leitor pode estar se perguntando: "Mas onde está o problema? Repetição é repetição. Não há nenhuma dificuldade para entender isso".

Pois é. Mas você há de concordar comigo. A eventual repetição das coisas do mundo nunca é rigorosa. Poderíamos imaginar que uma repetição exigisse – entre as ocorrências

---

* Trecho da música "O medo de amar é o medo de ser livre". (N.E.)
** Trecho da música "Feira moderna". (N.E.)

repetidas – uma absoluta igualdade que nunca se verifica nos agenciamentos da matéria.

Assim, supostas repetições são igualdades meramente aparentes. Como, de resto, tudo que nos chega pelas sombras cavernosas do mundo percebido.

Sei que não ficou claro. Mas você pode vir comigo. Os exemplos irão nos ajudar a atribuir sentido ao que estou dizendo.

Se você chama com energia seu filho para que ele se levante de uma vez, caso contrário chegará atrasado à escola, e ele continua simulando sono profundo, poderá dizer-lhe algo do tipo:

– Não me faça repetir, ou vou acabar por me zangar.

Ora, mesmo que você venha a se servir, em uma eventual segunda advertência, das mesmas palavras, rigorosamente das mesmas, não haverá igualdade entre as duas manifestações.

Entre outras razões porque – como você mesmo disse – no segundo momento você estará zangado. E essa nova disposição afetiva, por si só, muda tudo.

A singularidade das ocorrências no mundo material advém, primariamente, do movimento dos átomos que o constituem. Se estes últimos não param quietos, fica difícil imaginar alguma permanência. Refiro-me, aqui, exclusivamente ao mundo material.

Ora, não havendo permanência, para haver repetição rigorosa, seria preciso que, no meio das infinitas posições por eles ocupáveis em infinitos flagrantes possíveis de suas trajetórias, tudo estivesse disposto em momentos diferentes no tempo, exatamente do mesmo modo.

Você pode imaginar o tamanho da improbabilidade.

Ainda assim, pode estar se perguntando: "Mas e as órbitas dos astros mencionadas um pouco antes?".

Claro que, quando a Terra completa uma volta sobre si mesma e começa outra, essa segunda volta não é a primeira volta. Com ela não se confunde. É outra em relação àquela. Tampouco lhe é igual. Toda volta – movimento de rotação – é singular. Única. Até porque as partes envolvidas não permaneceram (as mesmas) entre a primeira e a segunda voltas.

O planeta, por exemplo, é outro. Com mais gente. Naquele dia, morreram menos humanos do que nasceram. Ou o contrário, pouco importa. Também naquele dia, um vulcão entrou em erupção. Uma placa tectônica, longe dali, também se deslocou. Ensejando um terremoto. E tudo isso torna aquela volta completamente inédita.

Da mesma forma, a estrela Sol, em torno da qual o planeta se encontra em movimento de translação, também é outra. Por exemplo, em plena crise de ebulição. Os outros planetas – cujas massas incidem em gravidade sobre o nosso – também não se encontram na mesma posição. O satélite miúdo também não se encontra exatamente onde estava. E não é mais o mesmo.

Mas, para o observador, pode ser um dia como outro qualquer. Um dia a mais. Uma mera sequência de um dia depois do outro. Dias e noites que se repetem.

Resta a poesia.

O refrão pode ser constituído pelas mesmas palavras. Mas nem para o poeta, emissor, nem para o leitor, receptor, há mera repetição. Afinal, o estado de espírito, combinação particular de disposições do corpo e afetos da alma, não é o mesmo ao longo da produção ou da degustação da obra.

Nenhum instante de manifestação artística ou consumo dessa arte coincide com outro. Aliás, essa talvez seja a grande façanha da arte. Mudar a vida de quem com ela se envolve.

※

Advertência de ineditismo concluída, há que recolocar os pés no chão do senso comum.

Quando um verbo vem precedido de "re", o que se quer mesmo dizer é que aquela atividade será repetida, realizada novamente, feita de novo. Supõe-se em toda repetição uma igualdade – ou semelhança que lhe tangencia – entre dois momentos distintos de uma existência.

Bem, essa palavrinha sobre o "re" do "reinventar-se" será lembrada com carinho mais tarde. Alguns dos problemas que enfrentaremos residem na possibilidade lógica e real ou existencial de inventar o que quer que seja mais de uma vez. Mas não coloquemos a charrete à frente dos bois.

Afinal, ainda não nos colocamos de acordo a respeito do que é invenção. Nada menos do que o ponto central de nossas preocupações. Sem essa noção, faremos como os arautos da obviedade. E não tiraremos o tema da mesmice apologética em que ele jaz.

Uma invenção

Faça ser quem nunca existiu ainda. Você. Reinvente-se!

Eram três os problemas.

Sobre o primeiro deles, o "re" do "reinventar-se", algo já dissemos ao tratarmos da ideia de repetição. Já abandonamos, portanto, a escuridão completa.

Quanto ao segundo problema, o "se", proponho deixá-lo de lado, por enquanto. Esse procedimento não comprometerá o desenvolvimento do nosso tema. Pelo contrário. Uma eventual reinvenção de si mesmo será sempre – em boa lógica – antes de tudo uma reinvenção.

O terceiro problema é o conceito de invenção. Não tem jeito. Será preciso enfrentá-lo. O termo é claro. "Reinventar-se" contém invenção.

Vamos do começo. Primeiro a invenção. Depois a reinvenção.

O que significa inventar?

É tentador dar a palavra ao dicionário.

Fazer ser o que não existia antes. E, de fato, quem inventa faz ser o que não existia antes. Não há dúvida. O inventor do guarda-chuva faz ser o que não existia antes. Bem como o do cotonete e o da vuvuzela.

❧

Mas, então, vem a pergunta: será que todo mundo que faz ser no mundo aquilo que não existia antes é necessariamente um inventor?

Por exemplo: quem produz uma bolsa de couro artesanal também faz ser o que não existia antes. E por isso é inventor dessa bolsa? Quem trabalha na construção civil e tira um prédio do chão é o inventor do prédio?

Então, nem todo mundo que faz ser o que não existia antes necessariamente inventa. Ou é seu inventor. A invenção parece bem mais restrita do que a mera produção.

❧

Em segundo lugar, não inventa nada quem simplesmente ordena. Isto é, dispõe as coisas de um jeito que lhe convém.

Ninguém inventa uma estante em um quarto por nela dispor os livros em ordem alfabética. Tampouco inventa uma dispensa por nela dispor os alimentos de modo conveniente para as tarefas cotidianas.

Logo, se toda invenção requer uma ordem, uma disposição conveniente de unidades de real, a ela não se reduz. Porque dessa ordenação surge – pela invenção – algo que não existia antes.

Invenção tampouco se confunde com descoberta. O descobridor apenas dá a perceber, a conhecer, a interagir – a qualquer um – algo que já existia no mundo. Por exemplo: as descobertas da pedra filosofal, da lâmpada mágica e do mapa do tesouro apenas permitem o acesso ao que estava inacessível até então, mas já existia.

Finalmente, proponho aqui uma distinção entre invenção e criação. A invenção parece que já estava na hora de acontecer. Fruta madura no pé. No espírito do tempo. Precisando ser efetivada. Se aquele inventor não o fizesse naquele instante, outro o faria. Como uma bola quicando na área. Se um jogador não chutar, outro vem e chuta. Mais dia, menos dia, alguém realiza.

Já na criação, nenhuma evidência sugeriria a mesma tendência de iniciativa. O que joga nos ombros do criador um peso de autoria ainda maior do que aquele que recai sobre o inventor. Ao menos de acordo com a minha percepção.

Distinguimos invenção de produção, descoberta e criação. Mas não saímos muito do lugar. Depois de destacar o que não é, é hora de arregaçar as mangas e propor algo de mais positivo.

O inventor da lâmpada faz ser uma lâmpada algo que antes dele não existia. Mas não uma qualquer. E sim a primeira delas. E para que isso seja possível, é preciso que ele conceba "a lâmpada". Esta última não se confunde com a primeira de carne e osso a alumiar por aí. E sim com aquilo que toda lâmpada tem que ter para sê-lo.

Último ponto. A anterioridade do inventor em relação ao invento. Parece ulular em obviedade. Absurdo ter que enfatizar. Pois eu afirmo que, para nós, será fundamental.

Assim, inventar a lâmpada implica fazer existir um instrumento portador de luz que, antes da sua invenção, simplesmente não integrava a realidade. O pai da aviação inventou o avião. Para que isso seja verdade, é preciso aceitar que, antes dessa invenção, o avião – instrumento destinado ao transporte aéreo – não existia.

Nesses dois casos, o sujeito inventor e seu trabalho são condição da invenção. Mais do que isso. São sua causa eficiente. A ação de Thomas Edson é a causa da lâmpada. E a de Santos Dumont, a do avião. E essa ação, por sua vez, tem como condição um agente que lhe preexiste. Um homem, cientista e inventor, chamado Thomas. E outro chamado Alberto.

~~※~~

Pois bem. Voltando, então.

Como dissemos anteriormente, não haveria essa lâmpada particular e específica que agora ilumina o ambiente em que você se encontra, se não tivesse passado pela mente do inventor um genérico de lâmpada. Este conteria tudo de que uma lâmpada precisa para ser lâmpada.

Poderíamos chamar a isso de ideia de lâmpada.

Para Platão, essa ideia já se encontraria no mundo das ideias. Em meio a outras. Desde sempre. Cabendo a quem o acedesse encontrá-la ou não. O inventor seria, nesse caso, um descobridor de ideias que, ao retornar do mundo delas, as converteria em sombra percebida no mundo das coisas sensíveis.

Convém-nos mais a saída de Aristóteles. Tudo no mundo é constituído de matéria e forma. Tudo que você possa encontrar. Sem exceção. Em que consiste a forma? Naquilo que todos os particulares do mesmo grupo têm em comum. E a matéria? Naquilo que só o particular tem. O que o distingue dos demais.

A invenção, para Aristóteles, é sempre uma maneira específica de agenciamento entre matéria e forma determinada ineditamente por alguém. Assim fica muito melhor. O inventor, ao combinar uma forma a uma matéria segundo sua iniciativa, faz ser no mundo o que antes dele não poderia existir.

Isso para a invenção. Mas, para nós, a luta continua. Porque se trata de uma reinvenção.

Quem se dispõe a reinventar, seja lá o que for, é porque já inventou alguma vez.

Resta saber – e espero que você me ajude aqui – se podemos afirmar que houve reinvenção quando seu agente inventou, em um segundo momento, alguma coisa completamente diferente da primeira invenção.

Por exemplo, ensinam-nos os historiadores da ciência que quem inventou a lâmpada inventou também o telégrafo. Pergunto: podemos chamar isso de uma reinvenção? Em outras palavras, fulano inventou a lâmpada e reinventou o telégrafo. Faz sentido para você?

Suponho que não.

A identidade do inventor – em dois momentos distintos de invenção – não justifica o uso do "re" de "reinvenção".

Ora, se a pessoa do inventor não é relevante, podemos substituí-la sem prejuízo lógico para a noção de reinvenção.

Pensando de modo mais amplo no uso genérico do "re" em outras ações, nada nos impede de trocar o agente sem comprometer sua pertinência.

Comecemos, então, com alguma outra atividade. João varreu a sala. José considerou o serviço malfeito. E varreu novamente a mesma sala. Logo, ele revarreu a sala.

Eu pergunto a você: algum problema de sentido na afirmação anterior?

Suponho que não.

Outro exemplo:

Helena, a professora, resolveu a equação. Carolina, a aluna, chegando em casa, resolveu de novo a mesma equação. Ela "re-resolveu" a equação. De novo, nenhum problema.

※

Mas, se não é a pessoa do inventor, o que é?

Outra hipótese surge em nosso espírito. O tal "re" – antecipando qualquer verbo – justificar-se-ia pela identidade do procedimento.

A mesma práxis ou *poiesis*, como diriam os gregos e seus seguidores.

Apenas para não o deixar na mão, caso ignore a diferença, esta última, a *poiesis*, indica produção de algo diferente de quem produz e de sua ação. Como no artesanato e na produção fabril. Já a práxis não gera nada de material no mundo para além do agente e de sua ação. Como a leitura deste livro, que você está realizando.

Portanto, o que justificaria o uso desse tal "re" seria a coincidência da ação, do procedimento, do protocolo. E, quem sabe, até do que disso resulta.

Muito bem. Resta saber se tudo isso que acabamos de elucubrar se aplica ao caso de uma invenção. Mas, para isso, teremos de vasculhar um pouco nossa cachola para tentar pôr às claras o que inventar quer dizer.

Venha comigo.

※

O que significa uma invenção?

Comecemos pensando entre nós. Sem dar muita bola para os grandes.

Quando alguém diz que não sei quem inventou a lâmpada, o rádio, a pólvora, a roda, o avião e outras coisas mais, o que exatamente quer dizer com isso?

Proponho, com a guarda baixa e como quem não quer nada, que quando uma invenção acontece é porque seu inventor existir o que antes de sua iniciativa inventiva não existia.

Logo, não há invenção quando o invento antecede em existência o inventor. Não faz sentido falar em invenção de algo que já existe. Trata-se de uma contradição nos próprios termos.

É o caso de uma simples descoberta. A coisa descoberta já existia. Mas estava fora do mundo dos humanos. Seu descobridor a fez existir para nós. O que, obviamente, não coincide com fazer existir o que não existia antes.

O exemplo mais conhecido e recorrente de descoberta para nós é o do Brasil por Cabral. Seu descobridor trouxe a nova terra para o mundo do homem europeu. Claro, o Brasil, por ele mesmo e para seus habitantes, já existia antes disso.

Mas Cabral não o inventou.

Haverá quem tenha descoberto o anel da invisibilidade, a pedra filosofal, ossos de um animal extinto, um documento perdido. Tudo isso é maravilhoso. Traz para o nosso mundo o que sempre esteve fora dele ou deixou de estar por muito tempo. Mas nada disso é invenção. De jeito nenhum.

A invenção é mais do que descoberta. Não se confundindo com ela, portanto.

A invenção se traduz em uma transformação do mundo. Exige, portanto, um reagenciamento do real. Colocar em ordem. Em uma nova ordem. Em uma ordem inédita, por ser sempre inédita a invenção. Mas não só isso.

Tampouco se confunde com a criação. E aqui a diferença é mais sutil. De proposição ousada. Tanto que, se o leitor não quiser aceitá-la, não gastarei nenhum joule suplementar para convencê-lo. Até porque isso exigiria um nível de convencimento pessoal que a mim também escapa.

Mas vou arriscar assim mesmo.

Um outro

Reinvente-se aí, meu! Sou eu quem está falando!

Eu quem?

O outro.

Que outro?

Qualquer um.

Todos que não são você. Claro que não me refiro aos gatos ou aos carros. Estou falando das outras pessoas. Que são diferentes de nós, claro, mas que também são como cada um de nós.

Não vamos entrar aqui em dificuldades sobre a essência e os modos de identificação desse outro. Acredite, o que parece meio óbvio pode se complicar, e muito.

Interessa-nos aqui o modo como esse outro ou esses outros interferem na nossa vida. O quanto, na hora de agir, nossas decisões podem ser por eles influenciadas ou, quem sabe, até determinadas.

A rigor, impossível falar de projetos de vida, sejam quais forem, sem pôr os pés no chão e aceitar que muito daquilo que nos passa pela cabeça a respeito do nosso futuro tem forte inspiração em tudo que vemos acontecer com os outros, naquilo que eles mesmos dizem perseguir. Enfim, inspiração naquilo que muitos acabam achando de grande valor porque muitos outros pensam desse modo.

A ponto de uma eventual investigação sobre algum eu mais genuíno, sobre aquele eu raiz ou essência, que teria nascido conosco – se é que ele existe ou é alcançável –, ter que remover camadas e camadas de influência externa, apreendida e incorporada ao longo de intermináveis interações com os outros e observações de suas existências.

E mesmo que esse eu mais genuíno seja identificado, nem sempre o que é bom, ou supomos que seja bom, para cada um de nós é fácil de bancar perante os outros. Dificuldade que vai do ato mais singelo e corriqueiro às grandes decisões da vida.

Por exemplo: você vai à pizzaria com um pessoal. Todos dão uma olhada no cardápio. Cada qual identifica e comunica ao grupo sua preferência de sabor. Chega a sua vez.

E você, sem titubear, anuncia:

– Eu quero Califórnia.

Os demais olham de forma estranha. Para quebrar o gelo, um deles observa com amabilidade:

– Não vi esse sabor. Será que tem?

– Como assim, será que tem? Claro que tem – você responde com certa indignação.

Um outro tenta amenizar:

– O que vem na *pizza* Califórnia?

E você, demonstrando enfado, anuncia em tom de obviedade:

– Alcachofra, pêssego em calda, figo em calda, goiaba em calda, ameixa em calda e cereja marrasquino. Tudo isso com catupiry.

É quando os parceiros de *pizza* começam a dar sinais de impaciência:

– Mas... e antes da sobremesa?

Você, acusando a ironia, responde com alguma rispidez:

– Não, não. É *pizza* salgada. Tem alcachofra. Alguém, por acaso, come alcachofra na sobremesa?

Se já estiver enturmado com o pessoal, é possível que tudo acabe mesmo em *pizza*. Vão tirar uma onda e ficará tudo certo.

Mas e se for, sei lá, o primeiro dia?

De faculdade, por exemplo. Confraternização de calouros. Veteranos e calouros se conhecendo.

Ou, pior ainda: primeiro dia de trabalho. Apresentação dos novos estagiários. Entre eles, você. Uma *pizza* organizada pelo Departamento de RH. Diretores e gerentes observando com quem irão contar dali para a frente.

Se você arriscar uma *pizza* de alcachofra com frutas fora do cardápio, poderá ficar marcado. No mínimo, com pecha de esquisito.

Em tais situações, para evitar esse tipo de mal-estar e suas consequências, os novatos costumam recuar. Adotam uma estratégia de compromisso. Opções que não causem embaraço aos demais.

O mais comum é delegar a tarefa de escolher:

– O que vocês decidirem para mim está ótimo.

Ou mostrar-se solícito e apoiar qualquer escolha alheia:

– Qualquer uma, gosto de todo tipo de *pizza*.

E se alguém insistir, sugerindo que "qualquer uma" não tem, você continua recuando.

– Alguma que tenha queijo.

※

Qual a diferença entre "*pizza* de alcachofra com frutas em calda" e "qualquer uma que tenha queijo"?

No primeiro caso, você deixa claro seu desejo, sua preferência. No segundo, você os omite. E aceita que o sabor de sua *pizza* seja decidido pela vontade alheia.

Por que você faria isso? Qual é o problema da alcachofra?

Porque nossas preferências podem determinar o que pensarão de nós.

Porque colocar as cartas na mesa e dizer, para quem for, o que você quer pode causar desconforto. Parece que o mundo inteiro tem que se reacomodar quando alguém deixa claro, em alto e bom som, o que pretende.

Você, então, intui que esse desconforto possa se traduzir em algum tipo de retaliação. E você teme retaliações. Em especial quando se encontra em posição frágil, com poucos recursos para se defender, desprovido de qualquer poder.

O inusitado de algo tipo "*pizza* Califórnia" fica por conta daquele que chamamos de "sem noção".

~·~

Não se trata, na maioria das vezes, de um cálculo matemático. Porque tanto o desconforto quanto a retaliação e a tristeza que ele possa causar são só presumidos. Mais imprecisa ainda é a intensidade dessas reações.

Mas cada um de nós, ao longo da vida, em meio ao mundo social que nos circunda, vai aprendendo a reagir sem precisar fazer muitas contas. Por vias que escapam a adições e subtrações, passa a intuir o que deve ser feito. Ou seja, acaba agindo, sem fazer força, em harmonia com o que aquele espaço de relações autoriza e evitando fazer o que pega muito mal.

Trata-se, portanto, de um saber prático. Que, por ter sido interiorizado e, digamos, incorporado, dispensa que, a todo momento, tenhamos de calcular todas as variáveis implicadas naquela decisão. Dessa forma, a reação parece espontânea. Como se fosse óbvia, natural, e só pudesse ser aquela.

Muitas vezes, o noviciado do calouro pode propiciar certas gafes. Um indivíduo socializado em um certo espaço age e reage segundo regras que não coincidem com as vigentes nesse novo lugar.

Justamente por isso, ele tende à cautela máxima. Pisa em ovos. Mapeia o ambiente. Observa o comportamento vigente. Identifica quem dita as regras. E, enquanto isso, adota condutas anódinas e não comprometedoras.

Em casos assim, parece valer a pena renunciar à própria preferência. Submetê-la ao valor do outro. À escolha de quem é dominante naquele grupo. Em outras palavras, por meio de valores estabelecidos, é possível assegurar relações de dominação e de submissão.

⸻

Você está no ensino médio e diz para o professor de literatura:

– Sabe o que é? Os livros de Machado de Assis me entediam. Prefiro ler outras coisas. Gosto da literatura portuguesa contemporânea. Valter Hugo Mãe, por exemplo. Ou ainda, em um outro registro completamente diferente, Miguel Souza Tavares. Com especial destaque para *Equador*. Um dos livros de que mais gostei de ler em toda a minha vida.

E tudo isso, mesmo sabendo que não caem na prova, nem no vestibular, suponho.

Aí o professor revida com autoridade:

– Você preferir ou não nada tem a ver com a qualidade do texto. Com o seu valor literário.

Mas você não se dá por vencido e retruca à altura:

– Para mim, tem valor o que me agrada. No caso de livros, são os que eu gosto de ler.

O mestre vai perdendo a paciência:

– Quer dizer que, para você, essas outras coisas valem mais que a literatura de Machado de Assis?

E você, sem nenhum receio:

– Exatamente isso, professor. A Capitu nunca fez minha cabeça.

Para que você foi dizer isso? Agora o homem ficou bem bravo:

– Então me deixe explicar. Na prova vai cair Machado de Assis. No vestibular, também. Portanto, as suas preferências e o valor que lhes atribui, guarde-os para você. Porque aqui impera outro valor. O valor real das coisas. Machado de Assis é o máximo. Junto com Eça de Queiroz, com Fernando Pessoa, com Carlos

Drummond de Andrade. São eles que valem de verdade. E muito. Entendeu?

※

Essa relação de poder e autoridade não se esgota no professor e no aluno. Tampouco no pessoal da pizzaria, da faculdade ou da empresa.

Valores na vida social são troféus preciosos. Disputados a tapa. O poder de definir quanto vale isso ou aquilo assegura a seu detentor posição de dominação sobre outros que não têm essa condição.

Os que estiverem em desalinho com esses valores deverão se alinhar. Ser corrigidos, punidos ou excluídos. Dependendo da gravidade da insubordinação, que também é valor.

Desse modo, o poder de decidir o que cai e o que não cai no vestibular acaba definindo o valor de todo o conhecimento. Bem como daqueles que o possuem, e dos que dele nunca ouviram falar.

Assim:

– Vai cair Revolução Francesa.

– Mas, professor, eu gostaria de estudar a revolução do Gabão.

— Bem, você faz o que quiser. Eu estou dizendo que o que você terá de saber é a Revolução Francesa. A Revolução Industrial. A Guerra de Secessão. A história do Brasil. A revolução do Gabão fica por sua conta, mas aqui não rola.

Por meio do valor, a sociedade define quem manda. Porque este impõe seus valores em face de outros possíveis.

※

A lição é clara. Os valores podem ser apenas preferências. Eu adoro mel. Eis uma verdade. Ninguém pode negar. Para mim, ele tem altíssimo valor. Mel maravilhoso.

Mas esse apreço não implica mais ninguém.

De fato. Ninguém mais estará obrigado a gostar de mel por conta da minha preferência. E é por isso que esse valor é subjetivo. O "maravilhoso" não é imanente ao mel avaliado. Isto é, não se trata de um maravilhoso por ele mesmo. Indica, sim, a relação que a iguaria estabelece comigo. O modo como me afeta.

Mas sempre haverá a tentação de universalizar esse valor, por enquanto apenas subjetivo. Manifestar uma preferência pretendendo a adesão de mais gente.

— Já comeu o filé à parmegiana no boteco da Lizinha? Não? Preciso levar você lá. É o melhor da cidade. Um autêntico desbunde.

Perceba que, nesse caso, o valor já não indica simples preferência subjetiva. Ele é deslocado do gosto e do afeto daquele que a manifesta para o próprio filé.

Deixa de ser um desbunde porque simplesmente me afeta de alegria. É um desbunde por ele mesmo. É o melhor da cidade. Por isso, afetará com a mesma alegria quem o degustar. Bom para qualquer um.

Preciso levar você lá.

Se, para a culinária, esse deslocamento do valor do afeto para a sua causa é facilmente denunciável – bastaria ao amigo aceitar o convite e não gostar da iguaria –, a coisa fica mais nebulosa quando subimos em abstração.

É o caso do valor estético de uma obra de arte ou do valor moral de uma conduta.

Eu explico.

Se valor for a simples preferência de cada um, Xuxuquinha pode valer mais que Mozart, dependendo de quem escuta, onde, como e com qual propósito.

Mais ainda.

Se tudo for só preferência subjetiva, o furto vale muito para o ladrão, a lesão para o agressor, a fraude para o estelionatário, o coito forçado para o estuprador e por aí vai.

Como não pretender a adesão? Como não supor concordância? Como não compartilhar valores?

Porque – diferentemente do que acontece com o filé à parmegiana – o coito forçado é hediondo em si e, portanto, tem valor em si, independentemente do prazer e do horror que a violação venha a proporcionar a uns e a outros.

E o universo é o limite. Um valor universal, portanto. Absoluto. É disso que estamos falando. Fazer do mel, que é maravilhoso para mim, maravilhoso para qualquer um. Como acontece com Mozart, Machado de Assis e Picasso. Com o furto, a fraude e o estupro.

Nesse caso, os valores universalizados acabam se impondo. Deixando de ser simples preferências. Para se tornarem valores verdadeiros. Aquilo que as coisas valem efetivamente.

De fato. Como pode alguém não gostar de mel, de Mozart ou de Machado de Assis? Ou considerar abjetos os maus-tratos a uma criança, o feminicídio, o racismo, a perseguição por orientação sexual?

Um reconhecimento

É melhor você se reinventar! Do jeito que está, eu não o estou reconhecendo.

Parece paradoxal.

Se para reconhecer é preciso conhecer, e só podemos conhecer, ao menos para os não céticos, o que já é, como sugerir como condição para um reconhecimento tornar-se quem ainda não se é?

Bora arregaçar as mangas.

Não são poucos a sugerir que nós, humanos – na vida de cada um –, precisamos todos de algum reconhecimento. Que saibam quem somos. Que atestem que somos quem somos. Que tomem por óbvio que sejamos quem somos. Que se relacionem conosco a partir de quem somos.

Tratar-se-ia de uma necessidade existencial. Dessas tão entranhadas que podem atravessar a vida toda sem eclodir na consciência como reflexão. O indivíduo vai, do nascimento à cova, buscando ser reconhecido, mas não se dá conta disso em momento algum.

Já outros, como nós, aparentemente estamos apontando o dedo. E denunciando essa necessidade. Explicitando essa carência. E esse fiapo de lucidez nos ajudará aqui a abordar este tema tão cheio de nuances que é o "reinventar-se".

※

Fui convidado para jantar na casa de um casal de amigos. Com dois filhos gêmeos. Crianças adoráveis, de oito anos de idade. No cardápio, arroz de tamboril, um peixe delicioso, com gambas, camarões. Um prato caldoso. De aroma irresistível e sabor ainda superior.

Era a primeira vez que eu os visitava em sua morada. Minha chegada pareceu alegrar os miúdos. Receberam-me relatando suas façanhas, falando da escola, pedindo-me que discorresse sobre meu lugar de origem e demonstrando excitação ante a iminência do prato a ser servido.

Aos poucos, porém, como era previsível, a conversa foi se dirigindo para temáticas mais afeitas aos adultos da mesa. Essa mudança resultou em tristeza escancarada da parte dos infantes. Que, lutando por permanecer com suas potências elevadas, reivindicavam a retomada de uma agenda temática que lhes facultasse a participação e o próprio reconhecimento.

Restou-lhes a birra. E tocou-lhes o castigo da reclusão. Edulcorado com uma observação doce da mãe.

– Hora de dormir, meus amores. Deem um beijinho no tio Clóvis, escovem os dentes e deitem-se, que o sono chegará.

※

Não foi difícil perceber que se tratava, no fundo, de uma relação de forças. E que a mesma ânsia de reconhecimento existencial que assolava os pequenos também era a nossa. E que o que acabara de acontecer era uma manifestação de força. O exercício de um certo poder parental. Em nome do direito de ser reconhecido com primazia pelo visitante da noite.

Temos todos uma certa "fome ontológica de existir para alguém". Esse "ontológica" está na lista dos termos usados pelos filósofos para serem reconhecidos como tais pelos pares e pelos outros também, que não entenderam o significado do termo.

Uma palavrinha para não deixar você na mão. Afinal, seu repertório para mim é uma mera suposição. Fique à vontade para debochar do que vou escrever agora. Dirijo-me a um não iniciado que não tem nenhuma ideia do que possa ser ontologia.

A ontologia é o discurso sobre o ser como ser, disse um dia Aristóteles. Não sobre as ideias dos particulares, como mesas, cadeiras, camas, veículos, samambaias, sapos. Menos ainda sobre os particulares percebidos dessas ideias, como essa ou aquela mesa de que você gostou, a cadeira que quebrou quando a vovó nela se sentou etc.

Não. A ontologia discute o ser em seu nível maior de abstração. O ser de qualquer ser. O ser e ponto-final. O ser que é mesa, mas também é cadeira, bem como cada um de nós. O ser que vai além da natureza percebida. Por isso também chamado de metafísico.

Mas o que dizer sobre esse ser? A não ser que ele é. O estudo das coisas do mundo realizado pela ciência nos informa sobre o ser por intermédio da avaliação de suas existências particulares. E isso nos nutre. Muito mais que um ser para além do mundo e que não corresponde a nada de muito concreto.

Hora de voltar para o tema do capítulo. Afirmei que temos uma fome ontológica de existir para o outro. Eu não tenho certeza de que essa afirmação é rigorosa. Porque, se a ontologia cuida do ser mais genérico possível, não deveria dar conta de uma eventual necessidade de um ser particular como é o humano.

Mas o que eu quis dizer com isso é que, para que o homem e a mulher possam se apaziguar com seus seres no mundo, eles precisam viver de tal modo que outros, como ele e ela, atestem suas existências, chancelem suas presenças, admitam que sejam sem pestanejar e o tempo todo.

O filósofo francês Sartre, em sua obra maior, *O ser e o nada*, chega a sugerir que, para que a nossa existência se legitime, esse reconhecimento, por parte dos outros, deve ser incondicionado. Foi o que quis dizer com o meu singelo "sem pestanejar".

Ora. Essa história do incondicionado pode nos levar longe. Porque, ao retirar todo obstáculo, vai de roldão todo princípio moral ou ético, por exemplo. Dando asas a dúvidas como: será que por mim ele ou ela seria capaz de roubar, mentir, matar, relevar, se acumpliciar, se matar?

Para Sartre, no entanto, esse reconhecimento é impossível. Por mais que precisemos dele. E por quê?

Porque, segundo o filósofo, mediante o olhar, o meu "eu" coisifica o "outro". E o "outro", por sua vez, também me coisifica. O que isso significa exatamente?

Ah, você mesmo pode responder. Se somos viventes e o outro nos coisifica, ele retira de nós muitos dos nossos atributos próprios à nossa condição e que não são atribuídos a uma coisa. Em especial aquilo que todo vivente tem como diferencial em termos de potência, pulsão, libido, afetos, fluxos internos, manifestações de força vital etc.

Dizer que coisifica é dar uma congelada. É circunscrever para si o que é o outro. Fechar o cerco da sua definição. Não aceitar que os trânsitos existenciais o obriguem a uma redefinição indefinida.

Ora. Você deve estar pensando: "Mas isso aí é bem o contrário da ideia de 'reinventar-se'". A coisificação do outro mediante o olhar, que simplifica e reduz a complexidade do mundo, atende a certos anseios de segurança cognitiva, apaziguando as dúvidas que o indiscernível costuma trazer. Por que, então, alguém mandaria o outro se reinventar?

Eis o problema. Essa reinvenção nunca é anunciada como comando para sempre. Algo do tipo, seja a cada segundo outro, outro, outro, outro. Isso inviabilizaria toda relação. Trata-se de uma ordem circunscrita a tempos e espaços.

Ainda assim, parece, eu sei disso, que toda "reinvenção" é pouco harmônica à ideia de "coisificação". Porém, o que se pretende aqui é uma mudança que permita uma coisificação mais conveniente para quem coisifica.

Como se sugeríssemos o seguinte: "Veja, eu quero ter claro na minha cabeça quem você é. Mas esse que eu tenho diante de mim não me convém. Nesse caso, 'reinvente-se', passe a ser quem não era, para que eu possa congelar você de um modo que me seja mais gratificante ou interessante".

Só para pôr fim a este capítulo, ocorreu-me são Paulo, na sua portentosa "Carta aos romanos". Segundo o apóstolo de Jesus, de nada o ser humano poderia precisar mais em sua vida do que de uma justificação para a sua própria existência. Mais do que isso, talvez. Precisa saber-se justificado. O que não é o mesmo.

A nossa salvação dependeria disso. De um reconhecimento. Que não é o de Pedro, Paulo, Joaquim, Desidéria ou Tibúrcia. Esses não conseguem mesmo reconhecer incondicionalmente. Fraquejam na hora H. Impõem condições. Negociam, barganham, propõem trocas e mandam reinventar.

Nossa salvação depende do reconhecimento do Absoluto. De Deus, para são Paulo. Mas você poderia pensar até em termos de Universo: "Será que o infinito dos astros sabe que estou aqui? Sabe quem eu sou? Sabe da minha existência? Considera essa existência como válida?".

Um tempo

Você já marcou touca muito tempo. Está mais do que na hora de se reinventar!

Questão de tempo. É só vir comigo. Hoje decidi me reinventar. No estrito presente. O meu eu vai mudar por decisão da minha vontade. Tudo neste instante em que nos encontramos. No presente da reinvenção.

Para me tornar o quê?

O que ainda não sou. Um eu pretendido.

Pretendido quando?

Neste instante presente. Em que sou uma coisa e pretendo ser outra ao mesmo tempo. Instante em que quero me converter naquilo que não sou ainda.

Quando acontecerá a transformação?

Bem, em algum tempo que vem depois daquele em que decidi me reinventar. Esse tempo não é o do instante da tomada de decisão. Podemos chamá-lo de futuro para acomodá-lo em algum tempo.

Mas se esse futuro, em que me tornarei outra coisa, ainda não é presente, é porque ainda não me tornei essa outra coisa. Afinal, as coisas sempre acontecem no presente. Nunca em nenhum outro tempo. Logo, "esse novo eu" fica à espera das minhas iniciativas no presente para que, como consequência, o futuro de agora vire presente e eu possa finalmente me converter no eu que quero vir a ser.

Não se perca. Por enquanto, estamos no presente. Eu sou uma coisa e decidi ser outra. Neste instante.

O que está acontecendo, então, no presente? Isto é, qual a realidade?

A realidade é que sou uma coisa que não quero mais ser, que decidi ser outra em que quero me tornar e que estou na iminência de empreender iniciativas para que isso aconteça. Mas o resultado pretendido ainda não foi alcançado.

Este eu que sou, e que não quero mais ser, por sua vez, foi forjado ao longo de uma vida. Todos temos uma intuição de que aquilo que nos tornamos – até esse tempo de um instante qualquer considerado – não é nada que tenha surgido de uma hora para outra.

Poderíamos sugerir que somos, em qualquer momento presente de nossa vida, um resultado altamente complexo que teve como matéria-prima um sem-número de experiências, de encontros com o mundo, de interações e afetações que estão forjando aquilo que, em um certo presente, seja ele qual for, tomamos por nós mesmos.

A matéria-prima dos encontros com o mundo que nos forjaram encontra-se em que tempo?

Esses encontros que nos forjaram em corpo e alma até algum preciso instante se deram no passado em relação ao instante em que nos consideramos e decidimos ser outro.

Um passado de ocorrências que, como elas mesmas, já não existe mais. Como todo bom passado.

Mas se tudo que nos esculpiu já não tem existência material no presente, como podemos, nesse mesmo presente, ser alguma coisa?

Porque as causas materiais do nosso provisório eu já não estão, mas o seu efeito, sim.

Isso nos levaria a supor que as causas vêm antes dos efeitos. Parece tentador. Mas é uma bobagem. Para que possa haver alguma causalidade, a causa e o efeito devem ser temporalmente concomitantes. Devem existir no real. No instante mesmo em que o real se encontra. Sob pena de não terem existência material.

Sobre causas e efeitos no tempo, é preciso insistir. Não funciona como todo mundo pensa.

E como todo mundo pensa que funciona?

Que primeiro vem a causa. Apresenta-se. Vai embora. E aí, subitamente, aparece o efeito. No momento em que eu empurro e alguém se desloca, temos a impressão de que houve uma sequência temporal. Mas empurrão e deslocamento, causa e efeito, são concomitantes. Ambos coabitam o mesmo instante temporal.

Para que haja algum nexo de causalidade entre as coisas do mundo, é preciso que ambas – a que dá causa e a que dela decorre – se encontrem no instante mesmo chamado presente, em que a realidade acontece.

Se para o empurrão ficou mais ou menos claro, resta enfrentar o nosso reinventar-se.

Manteremos para nós o mesmo modo de pensar usado para o exemplo do empurrão. Em outras palavras, causas do passado produziram em nós efeitos do passado, coincidentes temporalmente às primeiras, que gestaram eus que foram sendo golpeados por causas materiais concomitantes a seus efeitos materiais, e assim sucessivamente até este preciso instante, em que algumas causas materiais no mundo continuam, neste instante mesmo, a nos impactar, a nos transformar, a nos esculpir, fazendo-nos existir tal como estamos existindo, você e eu, neste preciso instante.

O que nos afeta neste instante também existe neste instante. E só por isso existe e pode nos afetar.

Para que algum reinventar de si mesmo faça sentido, dado que nenhuma invenção, como tal, se estende muito no tempo, é preciso que o que haja a reinventar possa vir à tona dentro de certos limites temporais estritos.

Mas se o que se pretende modificar levou a vida até ali para ficar pronto, como poderíamos imaginar que um novo eu surja de uma decisão pontual no tempo?

Em outras palavras.

Se cada um de nós não foi propriamente inventado por nós, em um certo instante de nossas existências, como poderíamos ser objeto de uma reinvenção que resultasse de uma decisão, de uma manifestação de vontade?

<hr />

Nada nos impede aqui de jogar um jogo de faz de conta. Fingir que tenhamos nos inventado uma vez, e de uma vez, e que agora o mundo exige de nós uma segunda operação.

Isso será necessário se quisermos continuar prospectando ideias a respeito do tema.

O tal reinventar-se pressupõe que já nos tenhamos inventado alguma vez, que sejamos obra das nossas intenções, resultado da nossa vontade. O que, sabemos perfeitamente, é mais ingênuo que muita história da carochinha.

Mas vamos em frente. Reinventar-se no tempo. Eis a preocupação deste capítulo. Comecemos devagar. Pela anterioridade. Reinventar-se no presente, neste agora, implicaria romper com um certo passado. Cabe, então, perguntar:

O que é presente? O que é passado? O que é o tempo?

Sem uma resposta clara, ficaremos estagnados nas obviedades de sempre.

❦

O momento é bonito. Porque, quando nos dispomos a falar do tempo, estamos enfrentando um dos temas mais espinhosos de toda a história do pensamento.

A ponto de Agostinho, grande sábio de Hipona e um dos grandes pensadores da história do Ocidente, afirmar algo curioso sobre suas reflexões a respeito do tema.

Quando estou pensando comigo mesmo sobre o tempo, diz o sábio, sei, com clareza, do que se trata. Mas se porventura alguém me perguntar a respeito, nesse preciso instante toda a certeza desaparece. E tenho a impressão de nada saber.

Ora, quando um gigante do pensamento faz uma afirmação desse tipo, os nanicos admiradores ou desistem ou se cobrem de certa irresponsabilidade.

Se ele, que é ele, afirma lhe escapar toda certeza, nada mesmo há que esperar do que me vier à mente.

※

Homenagens à parte, o certo é que, para nós, não resta alternativa. A mera leitura da palavra "reinventar-se" ou qualquer outra experiência humana que se toma por repetida com consciência, por parte do agente, de si mesmo e do mundo não pode prescindir de levar a ideia de tempo em consideração.

Um tempo que pode ser do relógio, do calendário e da ampulheta e se regular no ritmo do cuco, do tique-taque, das rotações e das translações.

Mas esse tempo, comum a todos, tempo do mundo, dos horários e das pontualidades, que permite as relações, medido por réguas em ponteiros ou digitais, não é o único.

Há outro. Um tempo percebido, vivido na individualidade que nos faz viver de modo diverso idênticas extensões horárias.

Esse segundo tempo não é compartilhado. Dificulta para marcar encontros por ser relativo a cada um, a estados de espírito, a afetos, a emoções.

Lembro-me dos treinos de natação. Uma série relativamente simples de 10 tiros de 100 metros livres com saídas a cada 1 minuto e 30, expectativa de chegada para 1 minuto e 10, com 20 segundos de descanso.

A sequência, um tiro após o outro, leva o coração à boca. E não mais longe por falta de por onde passar. O ar rareia a cada novo tiro. As células mobilizadas, todas elas, para manter o ritmo convertem a volta dos ponteiros em uma experiência mágica.

Durante o esforço do tiro, aquele pouco mais de um minuto se desdobra na eternidade; em contrapartida, os 20 segundos de descanso minguam em um piscar de olhos.

Mas o esforço físico e o cansaço que dele decorre são só um exemplo para ilustrar o abismo entre o tempo do mundo e o tempo de cada um. Para o leitor, talvez fosse preciso prática esportiva com essa intensidade para se irmanar no esclarecimento.

Permito-me, então, outro caminho. Menos excepcional e restritivo: o do enfado.

~§~

Na escola, a grade horária enfileira as disciplinas, e os professores se revezam entrando e saindo das salas de aula. Alguns cursos, concentrados em um único turno, ocupam manhãs ou tardes alongadas. Outros, mais folgados, se estendem pelo dia inteiro sem muita cerimônia. O enfado oscila.

O tema ensinado e o carisma do professor contam muito. Não raro, ambos pesam de um único lado da balança. O assunto é indigesto, e o professor, intragável. Cada um resgatará em sua trajetória de estudante os exemplos mais clamorosos. Evitarei aqui especificar, porque colegas são colegas. Não me agrada desmerecê-los. O resto do mundo já se encarrega disso.

O certo é que literatura, citologia, química orgânica, tabela periódica, geografia natural ou história geral, tudo pode aborrecer muito. Quando a alforria está prevista para o meio-dia e, às 11h30, o professor arrasta um discurso preguiçoso e sem viço.

Esses 30 últimos minutos já me fazem crer em apoteose, conversão do humano em divino. Certeza da vida eterna em carne e osso.

Apoteose.

Proposta de Calipso a Ulisses. Promessa mais do que garantida daquele professor de sexta-feira.

Se Calipso era deusa e oferecia como dádiva maior a Ulisses a imortalidade em troca de o herói esposá-la para sempre, aquele professor, por sua vez, não exige nada em troca.

Submete-nos à experiência que desafia o fluxo da vida. Trata o transcorrer do tempo com a onipotência arrogante e nos faz experimentar o impensável para gente como nós, de carne e osso em perecimento.

Uma essência

Nossa sina é viver o devir. Seja ele qual for. Prepare-se para o que mais importa. Para o amanhã. Seja o gestor da própria vida. E o autor da própria obra. Reinvente-se!

O tempo do relógio pode não ter muito a ver com o tempo interior. No sentido de que o primeiro permanece impávido, e o segundo está à mercê da vida, das dores que o lenteiam, dos prazeres que o aceleram.

A única coisa que Agostinho dizia e que nós mesmos podemos dizer com certeza é que, se nada tivesse acontecido, não teria existido o passado. Se nada estivesse previsto para acontecer, não existiria o futuro. E se nada estivesse acontecendo bem diante dos nossos olhos, não existiria o presente.

Dessa certeza inferimos que o tempo, de alguma forma, depende dos acontecimentos. Confere-lhes alguma ordem, algum sentido, algum encaminhamento e até algum valor.

Tempo e acontecimentos. Resta ainda saber como relacioná-los. O primeiro integra os segundos, faz parte deles, lhes é imanente, ou os acontecimentos apenas são, e sua temporalidade lhes é imposta de fora, por mentes como a nossa, incapazes de discernir sem um antes e um depois?

Na reinvenção, a importância da cogitação é óbvia. Afinal, como sempre acontece com um episódio em duas fases, estamos sempre a abordá-lo como se estas fossem sequenciadas ou simultâneas. Ou como se ocorressem uma depois da outra, ou ambas ao mesmo tempo. Nos dois casos, o episódio existe indelevelmente marcado por sua temporalidade.

※

Esses acontecimentos se deixam classificar em três tipos em função de como os entendemos temporalmente.

Acontecimentos de que nos lembramos, mas que já tiveram sua existência. Aqueles que projetamos, mas que ainda vão acontecer. E aqueles que presenciamos.

Se nos perguntassem sobre a relação dos acontecimentos com o tempo, poderíamos, feito crianças, começar dizendo que, graças ao tempo, algumas ocorrências vieram antes das outras.

Primeiro entrei na classe, depois cumprimentei a tia, depois sentei à minha carteira, depois ela começou a aula, aí veio a hora do recreio, depois veio outra tia, aí tocou o sinal, aí eu saí da classe, aí encontrei meu pai que estava me esperando, aí voltei para casa, aí almocei. E assim por diante.

Parece que, graças ao tempo, tiramos os acontecimentos do caos. E lhes conferimos mesmo alguma ordem. Tão clara e necessária, que parece integrar a realidade.

Claro que não é a única ordem possível. Poderíamos classificar os mesmos acontecimentos em prazerosos e dolorosos, agradáveis e desagradáveis, úteis e inúteis, enriquecedores e empobrecedores. Mas, para situá-los, pode ser bem interessante saber que uns vieram antes e outros depois.

Dois dos três tempos mencionados, o passado e o futuro, merecem atenção especial.

Afinal, como já dissemos, o primeiro não é mais, e o segundo não é ainda.

Ou, se preferir dizer de outro modo, as coisas que aconteceram no passado já aconteceram e não integram mais a realidade do mundo. E as coisas que acontecerão no futuro ainda não aconteceram, tampouco são realidade (ainda).

Restou-nos, portanto, como realidade percebida do mundo, o presente em que essa percepção se dá. Mas esse também não parece firme. Quando você foi ver, já não era mais. Escorreu pelos dedos como a mais fina areia.

A rigor, essa presencialidade, no instante mesmo em que é, já anuncia a conversão em passado. Porque o deixar de ser já vem de mãos dadas com o ser. Juntos e misturados. Se assim não fosse, não seria tempo.

Trazendo para o nosso tema, diríamos que todo o eu que é, no instante em que é, já traz consigo seu devir, seu vir a ser, que está por ser já sendo de algum modo. Como um abre-alas. Que, ao mesmo tempo, a anuncia e a integra.

O presente que relutasse em escapar e, teimoso, continuasse presente, este seria eternidade. Eis uma linda definição. A de eternidade: presente que não vira passado.

O leitor terá percebido que o enrosco é grande.

O passado e os acontecimentos que vêm com ele não são mais; os do futuro não são ainda; e os do presente estão deixando de ser.

Como poderíamos dizer que esse tal de tempo existe se a razão da sua existência é deixar de existir, é não continuar existindo?

Resta, então, uma minguada frase de conclusão: tratamos de algo que tende a não existir.

Muitas evidências a respeito do tempo, agarradas ao senso comum, são desmentidas pelo que acabamos de dizer.

Assim, um passado que vai longe, um passado longo poderia nos remeter à Antiguidade, à Idade Média, à Revolução Francesa, enquanto um passado breve seria ontem, agora há pouco, na semana passada ou até no começo deste ano.

Ora, se o passado não existe, não pode ir longe, não pode fazer muito tempo, não pode ser longo. O mesmo para o futuro. Que diferença faz ser amanhã ou daqui a 500 anos se não existe?

Assim, talvez o tempo seja só mesmo coisa nossa, da nossa alma, da nossa mente, do nosso espírito, das nossas percepções, das nossas emoções.

E aí tudo muda.

Mas devagar com o andor. Estamos falando de algo que precisa ter alguma existência. Que não dá para descartar assim, sem mais nem menos.

Eu, por exemplo, vim ao mundo, ao que tudo indica, aos 21 dias do mês de outubro do ano de 1965. Antes disso, eu não era nascido. E, quando a morte chegar, o resto da lápide já encomendada poderá ser finalmente preenchido.

Não dá para ignorar a temporalidade desta vida concreta, de carne e osso. Eu existo no tempo. Minha vida transcorre no tempo. Então, o tempo tem que ser alguma coisa.

Mesmo que não passe de uma categoria *a priori* do conhecimento. Anterior a qualquer experiência. Independente de todas elas. E que paute de modo implacável meu jeito de ver as coisas.

Voltando ao que dizíamos.

O passado não existe como passado porque nós não existimos no passado; o futuro não existe como futuro porque nós não existimos no futuro; e o presente, este existe inserido no fluxo da vida.

Se quisermos salvar o passado, teremos de adequá-lo a nós. Isto é, vinculá-lo à vida que vivemos no imediatismo de cada instante. Resta, então, chamá-lo de presente.

Você, então, pergunta:

– Mas como assim, salvar o passado chamando-o de presente?

E eu respondo:

– Não tem outro jeito. Se é no presente que estamos, se é no presente que tudo está, se o passado quiser existir mesmo em nós, esse passado tem que ser presente.

E o mesmo digo para o futuro.

Como nós, com o nosso "reinventar-se", precisamos dos dois, é melhor nos empenharmos em garantir-lhes alguma existência.

A reinvenção de si mesmo pressupõe algum tipo de ruptura do passado e algum tipo de projeção em face do futuro.

Se abrirmos mão dos dois tempos e mergulharmos em um instante absoluto, higienizado, purificado de tudo o que não seja estritamente o mundo percebido, aí só nos restará baixar a guarda e denunciar mais uma bobagem ou leviandade do senso comum profissional, do jargão corporativo.

Agostinho continua nos ajudando.

Se, para salvar o passado, é preciso que ele exista como presente, podemos, então, sugerir que o passado seja algum tipo de presente. Um presente particular. Em meio a outros presentes que não são passado. Digamos, um presente com alguma particularidade, mas um presente.

Podemos chamá-lo, então, de presente do passado. Ou, simplesmente, de presente-passado. Isto é, um presente como qualquer outro presente porque existe ali mesmo junto conosco, no instante em que a vida está, mas que, por alguma razão, podemos dar-lhe o título de presente-passado.

O mesmo aconteceria com o futuro, do qual precisamos muito também. Para socorrê-lo, é preciso acolhê-lo no presente onde tudo está. Para existir, precisa acontecer ali mesmo junto com a vida. Resta chamá-lo de presente do futuro. Ou, simplesmente, de presente-futuro.

Aí você pergunta:

– E o presente?

Bem, esse pode ser passado, pode ser futuro e pode não ser nem um nem outro. É um presente simples. É um presente do presente. Ou um presente-presente.

Claro que tudo isso só existe em nós. Agostinho diria "na nossa alma". Alguns de nós diríamos "na nossa mente". O que tem mais ou menos a ver com o que pensamos e com o que sentimos.

Mas aí você levanta a mão novamente:

– Esse passado que é presente... Trata-se do que exatamente? Como é que o que está acontecendo no imediatismo da nossa vida pode ser passado?

E a resposta é linda.

– O presente é passado quando você se lembra dele. O presente pode ser presente tranquilamente com a alma se lembrando do que aconteceu. E esse presente em que a alma se lembra do que aconteceu é um presente de um tipo especial chamado presente-passado ou presente do passado.

O passado, portanto, é um tipo particular de presente que está em ação na nossa alma, a memória. Perceba que, nesse caso, ele existe mesmo.

E se você, indignado, perguntar pela sua avó:

– E a minha avó? A minha avó que morreu há dez anos?

Então, a sua avó, pela sua avó, no presente existe como restos mortais, que não é o que você chama de avó.

Mas a sua avó também existe no presente, além dos restos mortais, pela sua lembrança. O que, embora não seja a sua avó como ela um dia existiu e não existe mais, trata-se da sua avó em você. E a sua avó em você é lembrada por você no instante da vida, portanto, no presente.

Graças a essa operação, você "presencializou" a sua avó. Fê-la existir como conteúdo mental.

Tanto quanto uma mulher grávida, imaginando o pimpolho ou a pimpolha brincando nos corredores de casa, está trazendo para o presente o que ainda não existe. Conferindo uma existência mental de criança ao que, por enquanto, está sendo gestado.

É esse o futuro que, curiosamente, para existir, precisou ser convertido em presente. Presente da alma.

Se o passado é presente na operação da memória, o futuro é presente na operação da espera, da expectativa, da projeção. Nessa desarticulação do tempo, o futuro se constitui como atividade específica da mente, sem a qual seria impensável ou mesmo impossível uma existência propriamente humana.

Talvez por isso, o grande Pascal, que em seus *Pensamentos* faz análise da vida do homem como ela é, em uma genial antropologia filosófica, sentencia que o presente não é nunca o nosso fim. Refere-se, certamente, a um fim de finalidade, e não a um fim de termo.

O presente não é o nosso fim. Tentando dizer com outras palavras. Ninguém vive só pelo presente. Ninguém vive para o presente. O grande mote da vida não se encontra ali mesmo, no instante. Mas fora dele. Para além dele. Depois dele.

Levaríamos uma vida inclinada. Uma existência em ângulo oblíquo. Cujo eixo de gravidade não se encontra ali mesmo. Perpendicular ao chão. Mas um pouco deslocada em face do imediatamente vivido. É em vista dele que a vida transcorre. É por ele que nos mobilizamos.

Porque haverá termo e ele se sucederá no presente. Assim, o presente não é, nunca, a razão pela qual vivemos. E, portanto, nunca esgotaria nele mesmo a sua razão de ser.

O presente, assim como o presente do passado, não passa de um meio. O mundo imediatamente vivido como instrumento para imaginação do devir. O que vemos e o que sentimos no instante não são o principal pelo que vivemos.

São apenas os ovos. Os ovos de uma omelete preciosa, a iguaria mais fina da vida. E essa omelete nada mais é do que nossos conteúdos de consciência que têm por objeto o que ainda está por acontecer.

O que lembramos da vida e o que percebemos no mundo, isto é, o presente do passado e o presente do presente, são tempos, rebaixados por Pascal à segunda classe, meros caminhos para o destino valioso de tudo que supomos que acontecerá.

Uma resistência

Como assim, deixar de ser quem eu sou? Para me adaptar a uma realidade injusta. Resultado de decisões injustas. Para não morrer.
Tanto tempo em minha companhia e não tenho a menor ideia de quem eu seja!

O capítulo não é sobre Sócrates. Mas humildemente lhe é dedicado. Tomo aqui nosso pai fundador como exemplo de resistência. Na onda do reinventar-se, visando a alguma adequação ao mundo, a alguma sobrevivência, a alguma redução de afetos tristes, é sempre possível simplesmente negar-se.

– Sabe o que é? Agradeço pelos seus conselhos. Pela sua boa intenção. Imagino aqui que uma eventual reinvenção de mim mesmo atenda a alguns de seus interesses. Talvez a minha vida tendo a mim mesmo no comando seja perturbadora de uma ordem que lhe convenha.

Porém, eu não vou abrir mão de mim. Das minhas convicções. Dos meus valores. Daquilo que considero em minha mente como mais consistente. Como mais importante. Como verdadeiro, belo e bom. Tampouco daquilo que entendo por justo.

E esse meu apego ao meu próprio ser é tão decidido e definitivo que, mesmo na contrapartida da sobrevida, não me demoverá.

Feita essa abertura indicativa do quanto o filósofo teria, com conhecimento de causa, a discutir sobre o nosso tema, sobretudo ao longo de sua condenação e morte, é preciso lembrar que, durante a vida, ele se empenhou obsessivamente em permitir que seus concidadãos pensassem melhor. E se libertassem de suas ignorâncias. Procurando fazer surgir almas mais familiares, se não às ideias, ao menos à sua busca incessante.

Quero dizer com isso que Sócrates não veria com maus olhos algum tipo de reinvenção que convertesse em hábito seu método do diálogo com vistas à busca da maior proximidade possível das verdades do mundo.

Um pouco mais de Sócrates. E de como ele realizava essa transformação na alma das pessoas.

Tido por muitos como o mais sábio de todos os homens, e pelos deuses do oráculo como o mais sábio dos gregos, ele comparava o seu trabalho ao de sua mãe, que era parteira. Ajudava a dar à luz. Intercedia para trazer ao mundo. Contribuía para retirar o corpo do filho de dentro da mãe.

Ruptura maior não pode haver. Do cordão umbilical, da dependência total à autonomia de uma vida por conta própria. A mãe paria crianças. Sócrates, o filósofo, paria conceitos, definições, discursos. Tudo o que, sem ele, custaria mais ou não adviria nunca.

Se a mãe convidava o recém-nascido a viver no mundo, o convite de Sócrates era para uma outra vida, diferente da vivida até então. Uma nova vida, portanto. Quem sabe em um outro mundo. Sócrates se apresenta como um auxiliar, um instrutor. A transformação se realizava na alma do outro, do interlocutor.

Tanto no parto da maternidade quanto no parto de uma nova alma, o número de envolvidos é sempre plural, ou seja, mais de um. Os parteiros ali estão para facilitar o advento do novo, em uma autêntica prestação de serviços obstetrícios e filosóficos.

A mãe assegurava uma renovação populacional da cidade. O filho fazia advir uma cidade mais lúcida, capaz de pensar sobre as coisas mais fundamentais, capaz de discutir seus problemas mais agudos e de encontrar as melhores soluções.

A reinvenção buscada por Sócrates não era só a de seus alunos, discípulos ou interlocutores. Mas, sobretudo, a da pólis, da sua Atenas. O que Sócrates pretendia era fazer advir uma nova cidade por intermédio de novos cidadãos capacitados para refletir melhor, para buscar o verdadeiro, vencer as evidências enganosas, as obviedades perturbadoras do espírito.

A reinvenção pretendida por Sócrates era maior do que a dos indivíduos com quem conversava. Era uma reinvenção política. Uma transformação da cidade.

E tudo isso por conta de um amor que sempre o acompanhou. Por Atenas, justamente. A cidade a quem se entregou. E que ceifou sua vida por meio de uma condenação injusta.

Uma tragédia

Você vê sentido em uma vida como a que leva? Arrastada, vencida, entregue, largada? Vamos, levante daí. Você precisa se reinventar!

É no enfrentamento resistido do que devasta que o reinventar-se parece não só mais necessário, mas, muitas vezes, digno. É porque a morte pede contas à vida que a dignidade pode sugerir abrir mão, conferindo altivez ao quinhão renunciado.

Na *Ilíada*, encontramos definição preciosa desse tipo de dignidade.

Cada um dos protagonistas da futura guerra, graças a Homero, é confrontado com seu destino. Aquiles mostra-se capaz de encarnar a bela morte e, por isso mesmo, a vida breve. Não hesita em arriscar a vida jogando na cara da humanidade a renúncia antecipada e incondicional de todo valor de existência em nome de uma dignidade que a transcende de sobra.

Imortalidade, para os gregos, era deixar descendência, deixar legado ou converter-se em narrativa. E só dignidade em comum, para alguns heroica, blinda na memória das gerações que se seguem a identidade do corpo que pereceu.

A coragem de se reinventar, de abrir mão do "eu" de ontem por um outro ainda em construção cobra enfrentar a dor de ver perecer um "si mesmo", de face tão amada, tão habituado a si mesmo e a seus atributos, em nome de um outro incerto e de chancela duvidosa, quer pela alteridade do hoje, quer pela perenidade do amanhã.

Essa dignidade requer um desapego de si mesmo. O abandono de um sujeito psicológico sem nenhuma certeza de substituição.

Na hora de se reinventar, o mundo torna-se referência, e a dignidade dessa reinvenção implica peito aberto, abertura, guarda baixa, com as mãos e a cara limpas. A dignidade da reinvenção está na parceria com o autêntico, com a verdade de si mesmo em respeito ao mundo.

Assim, toda reinvenção cobra dissolução.

Como uma onda que deixa de ser onda e se dissolve no mar para começar de novo. Um individual que desaparece para uma reindividuação aperfeiçoada. Pouco importa se quem se reinventa é simples soldado ou matemático spinozista ou, quem sabe ainda, agente secreto com múltiplas máscaras.

Conta na dignidade da reinvenção o destino escolhido, que preside o rigor instantâneo do ato e o leva à sua incandescência. É só aí que o agir sobre si transforma-se em obra. Porque a luta espiritual é tão cruel quanto qualquer batalha de lanças ou bombas.

Em O *nascimento da tragédia*, Nietzsche observa que o animal come, dorme, se espreguiça, brinca, desfruta e parece feliz. A ponto de o pastor invejar essa felicidade. E o parceiro do gato Epaminondas, que aqui escreve sobre "reinventar-se", regozija a cada júbilo flagrado em seu amigo felino.

Mas Nietzsche, na sequência, pondera que ele mesmo dispensa essa felicidade.

Pretende ou almeja uma felicidade de outro tipo, diferente da do animal.

O homem, para viver, precisa construir significados, referentes a momentos da vida, etapas da vida, situações vividas. E, sobretudo, um significado maior. O maior deles. O significado dos outros significados. O da vida como um todo, em face da morte.

Epaminondas passa olimpicamente por esse desafio. Não lhe parece fazer falta alguma saber qual é a da vida e da sua finitude.

Essa busca de significado para a vida escancara sua tonalidade trágica. Maravilhosamente apresentada pelo mito do sátiro Sileno, espécie de monstrinho, permanentemente alcoolizado, da corte de Dionísio.

Em um belo dia, de particular inspiração criativa dos nossos antepassados, o sábio foi abordado no meio do bosque pelo rei Midas e seus soldados. Esse rei é aquele mesmo, que sonhava transformar em ouro tudo que viesse a tocar.

E Midas, então, a par da propalada sabedoria de Sileno, pergunta-lhe em tom inquisitivo:

– Ei, velho! Ei, velho! Responda-me. Sou rei. O que é que tem que acontecer na vida do homem? Qual é o seu maior valor? O que significa viver bem? Qual é o significado da vida? Ou, ainda, qual é o seu sentido?

Sileno contempla aquela majestade vazia de sabedoria e se recusa a responder.

Ante a ameaça dos soldados do rei, volta a recusar-se. Desdenhando da superioridade física do interlocutor.

Só muito depois, movido pelo enfado de uma abordagem que se arrastava, em meio a sua permanente embriaguez, sentenciou:

– O único jeito era não ter nascido.

Poucas histórias de sábios que reproduzo me dão tanto prazer de contar quanto essa. Incrível como gostaria eu mesmo de ter respondido assim, por conta própria, nas inúmeras situações em que o instante vivido não valia nenhuma das penas da vida.

O que Sileno parece querer dizer é que para nós, os viventes, não sei aqui se só os humanos ou em geral, terá havido um acidente de princípio.

Nenhum de nós, viventes humanos, é causa de si mesmo. De tal modo que, quando passou a ter consciência de si, o estrago já estava feito. E olha que a chance, em termos de probabilidade, de ter sido derrotado na seleção espermática era significativa.

A vida sempre foi uma extraordinária improbabilidade. Uma quase impossibilidade. Mas agora que você nasceu, já era.

– Como assim? Já era? – deve ter esbravejado o tosco, vulgar, inculto e burro rei Midas.

– Já era, meu irmão! – terá respondido Sileno, tentando se afastar das garras coercitivas.

Midas, então, desesperado, deve ter perguntado algo do tipo:

– Mas agora que nascemos, qual a melhor saída, o remédio, a solução, se não para uma vida boa de felicidade, ao menos em paz e com pouco sofrimento?

Sileno, nesse instante, já não suportando a ingenuidade real e precisando se evadir, responde na lata:

– Viver o menos tempo possível.

※

Essa tonalidade trágica da vida desaparece na Grécia antiga... Ou melhor, com a Grécia antiga. A cultura cristã não comporta a autêntica tragédia porque se escora na esperança, uma das três virtudes teologais, além da fé e do amor.

A esperança na vida eterna, na vitória sobre a morte.

Assim, a vitória do pensamento cristão em face do pensamento grego se deve a um discurso de salvação que faz triunfar a esperança sobre a tragédia.

Mas, em pleno cenário grego, único francamente propício ao florescer do trágico, há também sabedoria, que clama, em primeiro lugar, pelo pleno conhecimento do que é um homem: *antroposepistemé*... E, logo na sequência, o pleno conhecimento de si mesmo.

Assim, o vivente, homem ou mulher, tem o mesmo destino dos demais: nascer, crescer, reproduzir-se e morrer.

Mas, diferentemente dos demais animais, o homem não tem instinto. Não é escravo da sua natureza. Não dispõe de uma resposta rígida aos múltiplos estímulos de que é objeto.

Assim, a vaca não come bisteca, o gato não come alpiste e o pombo não come rabada por não os perceberem como alimento.

A natureza instintiva dos animais determina com rigor implacável o que é e o que não é comível. Já o homem, ante a necessidade de alimentar-se, é dotado de imensa flexibilidade.

Conforme a riqueza de cada cultura culinária pode atestar com facilidade. Mesmo no sexo, atividade em que a natureza supostamente fala alto, o homem, longe de toda a rigidez instintiva, autoriza-se a uma variação de práticas impensáveis em qualquer outra vida não humana.

Os múltiplos fetiches, a fantasia que leva ao infinito, os brinquedos sexuais que se reproduzem e se sofisticam a cada dia e toda sublimação da pulsão sexual para "n" fontes de prazer não ortodoxas.

Não tendo instinto, o homem não se vê codificado. E, por isso, diferentemente dos animais e seu *habitat*, o homem pode viver em qualquer lugar, em qualquer ambiente.

Reinventar-se, portanto. Mas sublimado pela tragédia. E só aí.

Um esforço

Levante essa bunda da cadeira e vá fazer alguma coisa! Essa vida de playboy *não dá mais. Ou você se reinventa ou vai ser atropelado pelo mundo.*

Há, em todo vivente, um esforço. Força que se opõe a alguma resistência. A vida, sempre resistida, com ele se confunde. Dura o tempo da vida. Vigora enquanto vida houver.

Esforço faz pensar em gasto custoso de energia. Em motor trabalhando. Em contramão de correnteza. O oposto do relaxamento.

❦

O esforço de que falamos aqui é potência de existir. De pensar e de agir. De encarar toda resistência. E de resistir a seu turno. Não é o ser – ainda em potência –, mas a potência do ser – já em ato.

Uma luta para perseverar em si mesmo, no próprio ser.

Vivente que quer vida. Mais vida. Não bastando sobreviver. Tampouco viver na mesma, ou empurrá-la com a barriga. Vivente é potência que quer potência. É vida intensa que quer intensidade. É energia que se quer maior.

Se viver é esforçar-se, esse esforço se realiza na materialidade de uma existência no mundo. Constituída de entes em relação entre si. Seja no interior do vivente, entre as partes que o constituem, seja do vivente como um todo no mundo, em relação com outros corpos que lhe são outros, exteriores.

Temos, então, encontros sucessivos, relações, afetos e renovadas disposições vitais. Em palavras mais simples, a potência de cada vivente se altera a cada instante em função do que lhe acontece no mundo, dos corpos que encontra, com os quais se relaciona e do modo como estes o afetam.

Se cada encontro é inédito – viventes e mundos encontrados não param de mudar –, todos eles podem ser reduzidos a dois tipos muito claros e opostos. De um lado, os encontros e as relações que ensejam ao nosso herói um ganho de potência e, de outro, uma perda. Basicamente, sugerimos que, a cada instante, a energia de que dispomos para viver ou aumenta ou diminui.

Nesse sentido, a ideia de esforço deve compreender não só os mundos que se opõem, mas também aqueles mundos que favorecem, que compõem, que contribuem.

De fato, há encontros que harmonizam. Que integram para o ganho. Para o melhor.

Gosto de uma imagem. Tempos de praia com meu pai no Rio de Janeiro. A brincadeira era "pegar jacaré". Penso que a expressão tenha se conservado. Espero que como divertimento familiar também.

Meu pai me ensinou que era preciso integrar-se à onda no ponto certo. Se isso se produzisse, aconteceria algo meio mágico. É como se nos tornássemos onda. E esta nos incorporasse por um certo tempo.

Nesse caso, perderíamos o pleno controle do nosso movimento, que acompanharia o da onda. E esta, com toda a sua energia, nos levaria junto. Consigo. Proporcionando-nos a emoção do movimento. Mas também nos dando uma carona e tanto.

Entendi, naquele momento, que a onda, encontrada corretamente, alavancava a vida. E que toda a astúcia estava em encontrá-la nesse ponto. E que a vida comporia a melhor com a energia do mundo. Viva o jacaré que meu pai me ensinou a pegar. Exemplo de alegria ao alcance de algumas braçadas.

⁓⚜⁓

De fato. Quando tudo *tá* de boa, o esforço só contabiliza avanços. Em time que está ganhando não se mexe. A não ser que seja com segurança para ganhar mais, muito mais.

Mas esses entornos, francamente favoráveis, não são tão frequentes quanto desejaríamos. E, muitas vezes, acabam se convertendo em obstáculos em série, agressões que se sucedem, tristeza crônica.

Como em uma colisão com a prancha de um surfista que me abriu o corpo e me jogou nos braços de homens de branco, com suas agulhas, que despertam dor e sofrimento.

Nesse caso, a luta se torna resistência, que tem a morte como pano de fundo. E toda queda de potência como entreato.

Uma guerra

Está de boa por aí? Feliz na sua ilha? Então, o problema é que, sendo rei, vai ter que encarar uma guerra em que te meteram meio que do nada. O pior é que a jornada toda vai durar uns 20 anos. Dez de guerra e dez para voltar para casa. E a vida, ao longo dessas duas décadas, vai ser muito diferente dessa que você vive por aqui, em Ítaca. Melhor se reinventar. Não vai ter outro jeito.

De fato. Nosso herói Ulisses era rei em Ítaca. Amado e adorado pelos seus súditos. Filho de Laertes, esposo de Penélope e pai de Telêmaco. Administrava seu reino à perfeição. Exímio gestor. Generoso, bom e justo.

Adorava sua vida, seus concidadãos, sua ilha. Eis o exemplo de um bom vivente. Um homem virtuoso que explora a sua natureza no limite da excelência.

Perfeitamente harmonizado ao cosmos de que faz parte. E, por isso, abençoado por todos os deuses de plantão.

Esse era o seu primeiro eu. Claro, cristalino e bem encaixado.

Só que, nessas nossas vidas vividas sobre o mundo com nossos corpos e nossas almas, nem tudo está sob o controle de quem vive. E ocorrências de todos os tipos podem colocar em perigo perfeitas harmonias, desestabilizar encaixes, desequilibrar forças. E o que comprometeu a vida de Ulisses aconteceu longe dali.

Um príncipe da cidade de Troia decidiu, com o apoio da deusa do amor, Afrodite, seduzir Helena, a mais linda mulher do mundo e esposa de Menelau, rei de Esparta. Simples assim. E o que é pior: graças ao apoio eficaz da deusa, o príncipe troiano logrou seu intento, deixando Helena apaixonada perdidamente.

Menelau se vê ultrajado. E a ofensa cobra vingança. O rei espartano declara guerra a Troia. E solicita apoio dos demais reis gregos. Pronto. Você já entendeu tudo. Ulisses é convocado. Menelau exige sua presença e o apoio dos seus nessa que prometia ser uma batalha devastadora.

O que você faria no lugar de Ulisses? Tentaria não ir?

Pois foi o que ele fez. Fingiu-se de louco. Simulou plantar pedras como se sementes fossem.

Sabia que fora de Ítaca estaria fora de lugar. Sabia também que, como guerreiro, teria de agir segundo competências, habilidades, disposições, forças e iniciativas com as quais não estava propriamente habituado. Teria de lutar no campo do inimigo. Viver situações para as quais não tinha certeza de estar habituado.

Você adivinhou tudo. Não teve remédio.

O problema é que aquele eu, tão redondo, agora não servia mais. E podemos encontrar em muitos discursos da *Odisseia* deuses e humanos sugerindo a Ulisses o câmbio de atitude que, se não levou a alcunha do nosso "reinventar-se", foi bastante mais explícito na hora de explicar do que se tratava.

Ulisses topou a parada. Dispôs-se a reinventar-se.

Partiu com alguns dos seus. Em Troia, foi valente. Enfrentou cara a cara os inimigos. Flagelou-se, disfarçou-se de mendigo, ingressou clandestinamente em Troia, matou adversários, obteve informações preciosas, determinou a construção de um cavalo de madeira... Esse mesmo que você tanto conhece... Usou da astúcia para não cair em armadilhas, foi determinante na vitória grega.

De regresso, enfrentou o ciclope Polifemo, furando-lhe o olho. O único de que sempre dispôs. Cegando-o. Poseidon, rei dos mares, pai da vítima, jurou vingança.

Ulisses construiu jangadas, velejou, nadou, serviu aos caprichos da deusa Calipso... Velejou, nadou, seduziu a princesa Nausícaa... Velejou, nadou, parlamentou com o rei Alcínoo... Velejou, nadou... E por aí vai.

Finalmente, conseguiu regressar a Ítaca. Ainda que Poseidon, de lá do seu palácio da Samotrácia, de tudo tenha feito para impedi-lo. Graças ao apoio decisivo de Atena, Ulisses conseguiu voltar para casa, restabelecer a ordem, pôr para correr os pretendentes de Penélope, que tanto entristeceram Telêmaco, seu filho, por anos a fio.

Poucas histórias explicitam tanto a necessidade de se reinventar para poder sobreviver, viver e, quem sabe, até viver feliz, em harmonia com o resto. Em Ítaca ou em qualquer outro lugar.

Um mendigo

Buda intuía a mediocridade da vida no palácio. Superprotegido, deu-se conta de que fora dali a vida era diferente. E que para vivê-la era preciso ser outro. Há poucos exemplos de reinvenção de si como o de Buda. Uma decisão pessoal, na contramão de todas as convenções.

Buda existiu. Certamente. Há um certo consenso sobre a duração de sua vida: 80 anos. Teria vivido em torno de cinco séculos antes de Cristo. As datas precisas já provocam discordância entre os biógrafos. Chamava-se Sidarta Gautama. Sabemos que era príncipe. Filho, portanto, de um rei.

Algumas passagens são mencionadas em quase todas as biografias. Se tudo aconteceu exatamente como é narrado, como saber? Isso em relação a Buda ou a qualquer outro. O que nos importa é que alguns momentos de sua vida permitem uma elucidação a respeito de suas principais ideias.

Contam que o pequeno Buda, ainda criança, vivia em um palácio muito luxuoso. Completamente protegido de toda dificuldade material. Um oráculo declarou que, se o pequeno Sidarta encontrasse em sua vida quatro personagens desagradáveis – um velho, um doente, um cadáver e um mendigo –, ele abandonaria o palácio.

Levando muito a sério o que fora enunciado pelo oráculo, seu pai, o rei, cuida com zelo extremo para evitar os fatídicos encontros.

Estavam ali simbolizados os quatro grandes males da vida humana: a velhice, a doença, a morte e a pobreza.

Sidarta cresce e se casa. Torna-se pai de um menino. Residindo sempre no palácio. Protegido dos males e cercado de todas as futilidades, de todo o luxo, cuidadosamente afastado da realidade do mundo.

Tinha pouca ideia de como seria uma vida humana fora do palácio. Com suas carências, suas pobrezas, suas angústias, suas incertezas, seus tormentos e sua infelicidade.

Eis que, então, ele pede a um serviçal que o ajude a ganhar o mundo. E o primeiro encontro fora do palácio é com um velho. Logo em seguida, com um doente. O terceiro encontro é com um morto, em pleno enterro. E, finalmente, antes de retornar ao palácio, cruza o seu caminho um mendigo, o mais miserável que poderíamos conceber naquela Índia de tanto tempo atrás.

Sidarta conhecera os quatro grandes males da existência humana e, tal como previra o oráculo, decide abandonar o palácio. Momento dramático de ruptura. Sua decisão implicava também o abandono da família. Isto é, de sua mulher, seu filho, seu pai, demais parentes, afetos, carinhos e amores próprios de uma vida familiar.

Assim, a decisão de Sidarta só foi possível graças a um desapego. À certeza de que, naquele instante, era preciso suportar a dor da perda de uma convivência tranquila, harmoniosa com os seus, para que pudesse haver algum ganho de sabedoria.

Seu caminho estava apenas começando.

Sidarta, que em sânscrito quer dizer "em vias de despertar", ainda não é Buda, que quer dizer "o despertado". Segue os sábios da época, os iogues da mortificação. Adeptos de uma vida estritamente rigorosa: alimentavam-se de quase nada e submetiam-se a castigos severos.

Estava convencido de que o abandono de uma vida e o despertar de outra exigiam uma educação do corpo e da alma que passava por uma forma de ascetismo radical.

Aos poucos, no entanto, acaba se dando conta de que tanta fome e tanta miséria não estavam lhe trazendo o esperado: a sabedoria buscada. Supôs até que aquela radicalidade fosse mais facilitadora do que a busca sábia de uma simples moderação.

Sidarta decide, então, trilhar seu caminho só. Instala-se sob uma grande árvore e promete a si mesmo não sair dali enquanto não tiver encontrado o despertar verdadeiro, a sabedoria.

Para tentar demovê-lo, Mara, deus da morte, envia demônios aterrorizantes, indicativos do fim. Sem conseguir o que pretendia, Mara decide enviar-lhe mulheres exuberantes. Estratégia oposta para desviá-lo de seu caminho.

Duas faces da mesma morte: o terror em forma de monstros e demônios, mas também a sedução no charme irresistível das lindas mulheres. Sidarta resiste ao demoníaco e ao sedutor.

Permanece em meditação até a descoberta do despertar. Torna-se, então, o "despertado", isto é, o Buda, seu nome até hoje.

Na contramão da vida fútil do palácio, Sidarta reinventa-se em Buda. Sai em busca de alertar as pessoas ensinando sobre a sabedoria a que chegara, estruturada segundo o seu mais famoso discurso em quatro verdades.

De acordo com a primeira, tudo é sofrimento que decorre da incompatibilidade entre um ser impermanente, em fluxo, em trânsito, em modificação, em deixar de ser e os amores carentes e voltados para o apego. Criam-se laços que desejamos duráveis, esperamos longevos, ansiamos para sempre. Só que tudo passa. Varrendo da frente toda a eternidade.

Segunda verdade: o desejo é responsável por nossa insanidade. E a insanidade maior, entendida aqui como uma antissabedoria, é a propensão ao apego. A condenação da lógica do "desejar o que não se tem" e, na hipótese de passar a ter, continuar desejando o que ainda falta. Lógica de nunca amar o mundo onde está, como é, de que dispomos, e desejar o que não é, o que não temos, o que nos falta.

A terceira verdade imbrica a sabedoria à extinção do desejo. Liberar-se dessa busca pelo que falta e dos apegos. Eis o que nos leva à frugalidade, à simplicidade.

A quarta verdade nos remete a oito caminhos para a sabedoria. E a uma imensa literatura. Cabe-nos apenas mencionar a compreensão justa, o pensamento justo, a palavra justa, a ação justa, o meio de existência justo, o esforço justo, a atenção justa e a concentração justa. Quanto ao resto, uma vida inteira não bastaria para o estudo de uma sabedoria inscrita em páginas sem fim.

Um luto

A vida era na companhia de seu grande amor. Mas ele morreu. Agora toca reinventar-se. Para viver uma vida sem ele.

O grande rei não queria morrer. Angustiado com a finitude da existência, precisou se reinventar. Para se apaziguar. E aceitar também a própria morte.

Duas reinvenções de si mesmo. Na primeira grande narrativa da história da humanidade de que se tem registro.

※

A ideia da reinvenção de si mesmo é tão antiga quanto a mais antiga história de que se tem notícia ou registro. Refiro-me à *Epopeia* de Gilgamesh. Um texto magnífico, mas, lamentavelmente, pouco ensinado e pouco conhecido.

Trata-se de um texto monumental escrito em torno do século XVIII a. C. Dez séculos, portanto, antes da *Odisseia* e treze anterior à *Bíblia*.

Escrito em língua suméria, cuneiforme. Provavelmente com instrumentos próximos de um prego... Parecidos com um prego... Escrito em pequenas tábuas de argila. Essas tábuas foram descobertas muito recentemente e decifradas no século XIX.

Gilgamesh existiu. É a aposta mais certa dos historiadores autorizados a falar desses tempos tão remotos. Tratava-se de um rei. Um rei da cidade de Uruk. Cidade da Mesopotâmia. Portanto, entre os rios Tigre e Eufrates, onde, provavelmente, a própria escrita teria sido inventada.

Trata-se de uma história de amizade... Ou quem sabe até de amor... Mas também é uma história de luto, de perda, de dor, de reflexão sobre o sentido da vida.

Gilgamesh, então, passa por um momento propriamente religioso de busca da imortalidade. Há uma reflexão filosófica sobre uma eventual vida boa e, ao mesmo tempo, finita.

Como aceitar a contradição entre o amor e a morte, entre o amor e a perda do ser amado sem passar pela imortalidade, sem esperar pela eternidade?

A trama começa com um perfil do rei, apresentado como um personagem fora do comum, um grande guerreiro. Dois terços humano e um terço divino. De estatura imensa e de qualidades incontáveis. Maior, mais forte, mais belo, mais sedutor, mais inteligente que qualquer outro ser humano normal.

Seu poder é tal que não encontra limites ou contrapesos. Ele toma para si as jovens, as seduz ou as constrange a se tornarem suas amantes, escraviza os jovens. E esse comportamento leva os cidadãos a elevar uma prece aos deuses.

Estes, para reequilibrar o mundo, decidem produzir um rival. Da desordem à ordem. Do caos ao cosmos. O equilíbrio seria garantido por uma criatura, enviada pelos deuses, muito grande, muito bela, muito forte e muito qualificada chamada Enkidu.

Enkidu é produzido pelos deuses e enviado por eles para o reequilíbrio do mundo. Sem pais, portanto. Sem genitores. Deseducado e incivilizado. Lembra mais um animal que um humano. Uma vez frente a frente, logo no primeiro encontro, o rei Gilgamesh e Enkidu passam a se odiar. Detestam-se e enfrentam-se.

Dados o equilíbrio de forças e a semelhança de recursos, não há vencedor ou vencido. E, depois de um longo enfrentamento e golpes terríveis de parte a parte, eles caem um sobre o outro. Tornam-se, a partir daí, os melhores amigos.

※

Na segunda parte da *Epopeia*, o autor relata as aventuras da dupla.

A busca conjunta da glória. Se, individualmente, já seria difícil vencê-los, em dupla tornaram-se ainda mais devastadores. Talvez possamos vislumbrar nessa busca um desejo de consolidação na memória coletiva e, portanto, de um certo tipo de eternidade. São vários os episódios relatados mostrando a força e a cumplicidade dos dois amigos.

Mas o ponto alto da trama, particularmente interessante para nós, é a terceira grande parte da *Epopeia*, a morte de Enkidu.

Tendo desagradado aos deuses, tendo ido além da ordem cósmica... Aqueles mesmos que enviaram Enkidu para equilibrar o mundo decidem buscá-lo de volta, retirá-lo do planeta. Fazê-lo morrer a partir de uma doença incurável.

A morte de Enkidu leva Gilgamesh ao desespero. A vida vivida em dupla, em amizade, em amor, em cumplicidade, em solidariedade, em fraternidade sucumbe ante a morte de um dos protagonistas, um dos parceiros. Do amigo querido.

Gilgamesh vive a experiência da irreversibilidade da morte, da perda. E é nesse ponto da trama que o nosso tema aparece com força. A necessidade de continuar vivendo sem a pessoa mais importante da vida.

Problema que já atormentou a tantos de nós. Uma profunda e dolorosa reinvenção. A de aprender a viver sem o outro. Sem um outro. Sem o amigo. Sem o grande amor.

Desse modo, o reinventar-se de Gilgamesh se deu em duas fases.

Na primeira, ele busca desesperadamente a chave da imortalidade. Um escudo contra a morte.

Na segunda, renunciando a essa busca, compreende que deve morrer. Que a finitude é inexorável. Mas que, antes disso, deverá viver como mortal. Como homem entre os homens.

A dimensão irreversível da morte – que a alegoria de Gilgamesh denuncia em esplendor – encontra-se implícita ou subjacente ao longo de toda a história do pensamento ocidental.

A desaparição de Enkidu dá a Gilgamesh a convicção e o sentimento de que ele mesmo também perecerá.

Sentimento que lhe era desconhecido até então. Seu destemor, sua coragem e seus triunfos sempre o impediram de realizar a sua condição.

Se, em um primeiro momento, a *Epopeia* de Gilgamesh faz pensar em uma criatura egoísta e autocentrada, observamos que a consciência de sua finitude só lhe sobreveio graças à experiência do amor.

O herói dera causa a centenas ou milhares de mortes. Convivia com a derrota e a finitude de seus adversários diariamente. Sabia, como qualquer guerreiro, que poderia ser vencido. E que, portanto, a morte sempre fora uma possibilidade. Mas foi preciso a perda do amado para o herói alcançar um outro nível de consciência de sua própria condição.

Assim, a reinvenção de Gilgamesh tem como causa maior não a morte propriamente dita. Mas uma perda muito especial. Saber-se titular de uma vida finita a termo e na ausência do seu grande amor... Que a vida restante teria que ser vivida da melhor maneira possível nas condições apresentadas... Sem a eternidade do amado. Sem, tampouco, a própria.

Uma não conclusão

Nada pretendemos concluir.

Para tanto, seria preciso estarmos seguros de alguma verdade sobre nosso tema, que denunciaria a falsidade das crenças anteriores ou poria fim às incertezas claudicantes de outrora.

Não há nada que tenhamos proposto que pretendamos indiscutível. Menos ainda a ponto de pôr um basta nas discussões a respeito. Demos a nossa contribuição. Foi só isso.

※

Muitas propostas teóricas a respeito da existência humana, que enriqueceriam a reflexão sobre essa ideia da reinvenção de si mesmo, ficaram de fora. Assumimos sem receio todas as lacunas e sobre elas alertamos o leitor com a cara limpa.

Depois de tanta sinceridade, não seria decente pôr um ponto-final sem dar pistas para que o leitor interessado investigue, por conta própria, tudo que os nossos limites editoriais e nossa falta de arrojo acabaram deixando de lado.

Neste "último capítulo", em vez de retomarmos em síntese ou resumirmos o que já dissemos, como acabam fazendo muitos autores, o que só agravaria o enfado do massacrado leitor, optamos por propor novas janelas que, com certeza, teriam tornado este livro muito mais saboroso.

Os nomes que ora apresentaremos justificariam um segundo volume, talvez mais rico, auspicioso e denso do que este que se finda. Tarefa para algum valente sucessor.

No século XVIII, o genebrino J.-J. Rousseau diz muito sobre o nosso tema.

O texto que sugerimos, sempre e em toda situação, é o *Discurso sobre a origem e os fundamentos da desigualdade entre os homens.*

Não há "reinventar-se" sem vontade. Toda gestão da própria vida, toda escolha de caminhos, toda deliberação e toda decisão de conduta encontram-se para além dos instintos.

Se os demais viventes vivem como só poderiam viver, porque são completamente regidos por sua natureza – uma natureza instintiva no caso dos animais, com suas respostas rígidas aos estímulos do mundo –, o ser humano não vive assim.

Isso porque homens e mulheres não são instintivos.

Por isso, para alguns pensadores importantes, como Umberto Galimberti e outros, não são animais.

Na existência humana, a natureza não dá conta de todas as respostas. Por isso, a vontade humana fala ainda quando a sua natureza já se calou. Facultando-lhe inventar, reinventar, criar, empreender, inovar etc.

Outro tema caro a Rousseau, que também nos diz respeito, é a vida em sociedade. Nossa dependência em relação às suas exigências. A leitura mais do que recomendada aqui é logicamente *Du contrat social – Do contrato social*, em português

A vida social exige de seus atores uma identidade. Uma definição de si. Bem como uma máscara. Convertendo homens e mulheres em meros personagens a encenar uma trama imposta pelo resto da sociedade.

Nesse caso, nosso investimento nos jogos sociais caminharia, segundo Rousseau, de mãos dadas com o afastamento do nosso eu mais profundo.

Desse modo, para viver com alguma autenticidade, seria preciso ter consciência do quanto a vida social pode ser alienante, escravizante e desconectada de nossa natureza mais genuína.

O "reinventar-se" de Rousseau transcende a natureza pela vontade e desconfia da sociedade em busca de uma vida autêntica.

No século XIX, Nietzsche, em toda a sua filosofia, não para de refletir sobre temas que nos interessam muito de perto.

Destacamos aqui *Götzen-Dämmerung – O crepúsculo dos ídolos: Como filosofar com o martelo*. Texto que sugerimos seja lido em primeiro lugar pelo não familiarizado com a obra do filósofo.

Reinventar-se! Com a ajuda do martelo da filosofia de Nietzsche.

Em ruptura com os ídolos. Com a moral dos fracos. Em nome do mundo da vida. Dos valores do baixo ventre.

Das forças da terra. Da potência. Da vontade de mais potência. Da inocência do devir. Da proteção dos fortes.

Um reinventar-se pelo grande estilo. Pelo respeito do que nos é mais genuíno.

Um reinventar-se em nome de um "grande estilo". Em respeito ao que nos é mais genuíno.

Que não se curve ante soluções preestabelecidas. Ante fórmulas existenciais definidas por instâncias transcendentes. Alheias à vida de carne e osso.

※

Ralph Waldo Emerson. Filósofo americano também do século XIX. O texto que mais concerne ao nosso tema é *Over-soul – Super-alma*, em português.

O que Emerson nos ensina que diz respeito ao nosso tema?

Que nossas ideias, nossos pensamentos, bem como nossas motivações resultam de um "eu mesmo" superficial e limitado. É este último que precisa ser ampliado.

Eis o que pode nos proporcionar a tal superalma. Que nos permitiria transcender um cotidiano empobrecido. Na busca de plenitude e sabedoria. Inspiradora, no interior de cada um de nós, de uma outra vida, menos rasteira e mais elevada.

Martin Buber. Autor contemporâneo do século XX. Sua obra que mais nos diz respeito é *Ich und Du – Eu e tu*, em nosso idioma.

Embora não use o termo "reinventar-se" de modo explícito, trata do assunto com enorme empenho e lucidez.

Propõe que o jeito mais comum ou trivial de relacionamento entre as pessoas é pobre, superficial, medíocre, distante e parcial. Ao mesmo tempo, considera as relações entre os seres humanos o aspecto mais central de suas existências.

Desse modo, denuncia que a maneira insatisfatória com que interagimos uns com os outros é fator empobrecedor de nossas vidas.

Mais do que isso. Para Martin Buber, essa superficialidade nas relações é uma traição em face da nossa realidade existencial. Um apequenamento voluntário de nossas vidas que frauda nossa humana condição.

Seria, portanto, mais do que urgente um tipo particular de reinvenção de si mesmo. Que teria por propósito alcançar maior plenitude, completitude e integridade nas relações. Isso implicaria ou exigiria um verdadeiro ser ou estar juntos, fonte maior de autenticidade e vida.

※

Na mesma linha, outro grande nome do nosso tempo é Erich Fromm. Sugerimos aqui a leitura de seu *best-seller* The art of loving, traduzido em português, sem surpresas, como *A arte de amar*.

O autor propõe que o grande entrave existencial de homens e mulheres é o isolamento. E que o amor é, se não o único, certamente o principal caminho para vencê-lo.

O "reinventar-se" sugerido por Erich Fromm corresponde a "abrir o coração". Mas não de qualquer jeito.

Segundo Fromm, o afeto que chamamos de amor não é nada verdadeiro. Trata-se de um vínculo afetivo torpe, mesquinho, egoísta, possessivo e pobre.

Um desejo. Um saco vazio a ser enchido. Um querer para si próprio. Para a própria alegria, regozijo ou desfrute. Em que o outro é apenas um instrumento ou um meio para a própria satisfação. Um afeto deformado por perpetuar a nossa solidão.

Para Fromm, o verdadeiro amor é uma disposição de plenitude em face do mundo que nos circunda e com o qual interagimos. Requer, portanto, um alargamento existencial que amplia horizontes de vida. Nada tendo a ver, portanto, com esse ou aquele objeto específico de desejo. E menos ainda com sua posse.

Um amor de presença e reconciliação ampla com o real. Um afeto alargado pelo universo.

⁂

Esses pensadores que acabamos de destacar têm concepções distintas sobre o humano, sobre a existência, sobre as relações e sobre a natureza.

Mas todos eles parecem ter algo em comum: a possibilidade que temos de passar a viver diferentemente. A partir de uma deliberação. De uma escolha. De um reencaminhamento refletido e decidido.

Oferecem-nos, portanto, importantes reflexões que, com certeza, nos ajudam a pensar a respeito das possibilidades de mudança no rumo da própria vida.

Fica o convite.